Party-Kuchen für Kids

Party-Kuchen für Kids

50 lustige und schnelle Ideen

Weltbild

Inhalt

Vorwort

Es gibt nichts Aufregenderes als einen tollen Kuchen zu backen, den Ihre Kinder lieben und an den sie sich immer erinnern werden. In diesem Buch finden Sie kreative und einfache Rezepte, ohne viel Aufwand, die für jede Gelegenheit geeignet sind. Viele der Vorschläge können den Vorlieben Ihres Kindes angepasst werden.

Alle Kuchen in diesem Buch sind für Anfänger geeignet, und bei den etwas schwierigeren Kuchen finden Sie eine Schritt-für-Schritt-Anleitung in Bildern. Achten Sie darauf, ein Rezept immer erst ganz durchzulesen, bevor Sie mit dem Backen beginnen. Das gilt besonders für die Zutaten, bevor sie diese einkaufen bzw. vorbereiten. Dies ist zwar generell beim Backen wichtig, aber in Bezug auf die Dekoration ganz entscheidend.

Versichern Sie sich, dass Sie genügend Zeit haben, um den Kuchen in Ruhe fertigzustellen. Falls Sie wenig Zeit haben sollten, können Sie auch eine Fertigbackmischung verwenden oder einen fertigen Kuchen kaufen, den Sie dann mit Hilfe der Rezepte in etwas ganz Besonderes verwandeln können.

Die Zeit, die Sie für die Dekoration der Kuchen benötigen, ist immer zu Beginn des Rezeptes angegeben. In dem Kapitel »Die Grundlagen« am Ende des Buches finden Sie die jeweilige Vorbereitungs- und Backzeit der Kuchengrundrezepte. Hier stehen auch viele hilfreiche Informationen über Zutaten und Techniken der Kuchendekoration. Zudem liegt dem Buch ein Muster mit Schablonen für die ungewöhnlichen Kuchenformen bei.

Dieses Buch stellt Ihnen zum einen viele tolle Beispiele für Kuchen vor, zum anderen soll es auch Ihre eigene Kreativität anregen. Lassen Sie ihr also freien Lauf, und ändern Sie beispielsweise die Farben oder die Dekorationen der Kuchen ganz nach Ihren Vorlieben. So machen Sie jeden Kuchen einzigartig. Dann werden sowohl Sie als auch Ihr Kind große Freude daran haben.

Monster & Tiere

★ Mervin vom Mars

Dekorationszeit: 1 Stunde und 10 Minuten

Runder Vanillebutterkuchen, 22 cm Durchmesser (Rezept und Tipp → 142)
Große Vanillemuffins, 3 x 185 ml (→ Tipp)
1 ½ Portionen Vanillebuttercreme (Rezept → 145)
Lebensmittelfarbe: Rot
2 Schokokekse
8 weiße Schokoladenplättchen
2 grüne Schokolinsen
7 flaschenförmige Fruchtgummis
6 gelbe Schaumzucker-Bananen

1 Falls nötig, den Kuchen mit einem scharfen Messer oben herum flach und eben schneiden. Die Buttercreme mit der roten Lebensmittelfarbe färben.

2 Zwei große Muffins als Augen an den oberen Teil des Kuchens legen. Für die Füße den anderen Muffin halbieren und wie auf dem Bild zurechtlegen. ¾ der roten Buttercreme auf dem Kuchen verteilen.

3 Die Schokokekse auf die beiden großen Muffins legen. Die weißen Schokoladenplättchen wie auf dem Bild mit Buttercreme auf die Kekse kleben. Danach die grünen Schokolinsen ebenfalls mit etwas Buttercreme auf den weißen Schokoladenplättchen befestigen.

4 Als Zähne die flaschenförmigen Fruchtgummis wie abgebildet auf den großen Kuchen legen. Mit einem Spritzbeutel und einer Rundtülle (1 cm Durchmesser) rote Buttercreme im Zickzack als Lippen um die Zähne aufspritzen. Auf den oberen Teil der Augen den Rest der Buttercreme in Tupfen auftragen.

5 Auf die Füße jeweils drei Bananen als Zehen und unten drei weiße Schokoladenplättchen als Saugnäpfe anbringen.

Tipp: Für dieses Rezept benötigen Sie zwei Portionen des Vanillebutterkuchens. Geben Sie mit einem Löffel etwa 100 Gramm des Teiges in jeweils eine große 185 ml Muffinform und backen Sie diese für 30 Minuten. Füllen Sie den restlichen Teig in eine Springform (22 cm Durchmesser), und backen Sie ihn 1 Stunde lang.

Sie brauchen eine quadratische Kuchenplatte mit 30 cm Durchmesser.

Färben Sie für den Sand weißen Zucker mit gelber Speisefarbe, und kleben Sie gelbe Filzsterne auf.

★ Flinke Schlange

Dekorationszeit: 1 Stunde

Runder Vanillebutterkuchen, 2 x 20 cm Durchmesser (Rezept → 142)
2 Portionen Vanillebuttercreme (Rezept → 145)
Lebensmittelfarben: lila, rosa, blau, grün
150 g weiße Puderzuckermasse
Puderzucker, gesiebt
2 gelbe Gummiringe
2 kleine braune Schokolinsen
1 rote Fruchtgummischlange

1 Beide Kuchenringe in der Hälfte durchschneiden. Für den Kopf und den Schwanz eine der Hälften nochmals in zwei gleich große Stücke halbieren. Mit einem Messer die oberen Kanten abrunden. Die drei großen Hälften in Form einer Schlange auf die Kuchenplatte legen. Die kleinen Kuchenstücke zu einer Spitze schneiden und als Kopf und Schwanz an die Enden legen. Das Kopfende schön rund schneiden, damit es sich vom Schwanz unterscheidet.

2 Die Buttercreme mit der lila Lebensmittelfarbe zum gewünschten Farbton färben. Kuchenstücke mit Buttercreme aneinander kleben. 1 TL davon für die Punkte reservieren. Die restliche Buttercreme auf der ganzen Schlange verteilen.

3 Die Puderzuckermasse in drei gleich große Portionen teilen. Jeweils eine Portion mit der rosa, blauen und grünen Lebensmittelfarbe versehen. Jede Portion auf einer mit Puderzucker bestäubten Arbeitsfläche zu einer geschmeidigen Masse durchkneten. Danach jede einzelne zu einer 4 mm dicken Schicht ausrollen. Mit runden Ausstechformen (2 cm, 3 cm und 4 cm) aus jeder Farbmasse verschieden große bunte Punkte ausschneiden.

4 Die Punkte (→ Bild) auf der Schlange verteilen. Mit einem Spritzbeutel und einer Lochtülle (5 mm Durchmesser) lila Punkte auf die Schlange setzen. Gelbe Gummiringe und braune Schokolinsen als Augen auflegen.

5 Für die Zunge 2 cm von der Fruchtgummischlange abschneiden. Den Rest in der Mitte etwas einschneiden und als gespaltene Zunge an den Kopf legen.

Sie brauchen eine rechteckige Kuchenplatte (40 x 60 cm).

Färben Sie Kokosnussraspel mit grüner Lebensmittelfarbe, und verteilen Sie sie danach als Gras auf der Kuchenplatte.

★ Teddybär

Dekorationszeit: 1 Stunde und 15 Minuten

Runder Vanillebutterkuchen, 2 x 20 cm Durchmesser (Rezept → 142)
1 l Vanillebutterkuchen, in einer Puddingform zubereiten (Rezept → 142)
2 Portionen Vanillebuttercreme (Rezept → 145)
Braune Lebensmittelfarbe
Runde Biskuittörtchen, 5 x 5 cm
2 runde Kekse mit Schokoladenüberzug
1 weißes Marshmallow
3 braune Schokolinsen
Schwarze Lakritze, 10 cm Länge
1 rote Fruchtgummibohne
Rotes Band, 50 cm lang, 2,5 cm breit

Sie brauchen eine runde Kuchenplatte mit 30 cm Durchmesser.

Schneiden Sie die Lakritze mit einem Pizzaschneider in dünne Streifen.

1 Den oberen Teil der Kuchen, falls nötig, gerade schneiden. Etwa 150 Gramm der Buttercreme zur Seite stellen. Die restliche Buttercreme mit der braunen Lebensmittelfarbe färben.

2 Für den Bärenkörper einen runden Butterkuchen auf die Kuchenplatte legen. Oben mit etwas Buttercreme bestreichen und den zweiten runden Kuchen darauf setzen (→ Abbildung 1).

3 Die Ecken der zusammengeklebten Butterkuchen oben und unten (→ Bild) abschneiden, um einen runden Bärenkörper zu erhalten. Den puddingförmigen Kuchen auf den Rumpf setzen und mit zwei Holzspießen feststecken. Überstehende Spieße abschneiden.

4 Für den Kopf den oberen Kuchen zurechtschneiden (→ Abbildung 2). Das Ende von vier Biskuittörtchen schräg abschneiden und mit Holzspießen als Arme und Beine an dem Bärenrumpf feststecken.

5 Als Schnauze eine 1,5 cm dicke Scheibe der restlichen Mini-Biskuitrolle abschneiden. In der Mitte des Gesichtes mit einem Holzspieß feststecken. Für die Ohren am Kopf oben zwei Schlitze einschneiden und die Schokokekse hineinstecken (→ Abbildung 3).

6 Eine dicke Schicht der braunen Buttercreme auf dem Kuchen verteilen, mit einem Messer aufrauen, um das Fell anzudeuten, ungefärbten Rest auf Bauch, Schnauze, Ohren, Arme und Beine auftragen und aufrauen.

7 Für die Augen Marshmallow halbieren, mit einem Tropfen Buttercreme Schokolinsen auf die Hälfte kleben, Augen festdrücken.

8 Mit dünnen Lakritzstreifen Lippen formen. Ein Dreieck aus Lakritz als Nase, rote Gummibohne als Mund, braune Schokolinse als Bauchnabel befestigen, rote Schleife mit Buttercreme ankleben.

1 *Runde Butterkuchen mit etwas Buttercreme zusammenkleben.*

2 *Kanten abrunden, um Rumpf und Kopf zu formen.*

3 *Schlitze für Ohren einschneiden und Kekse hineinstecken.*

★ Miss Piggy

Dekorationszeit: 1 Stunde und 20 Minuten

Runder Vanillebutterkuchen, 22 cm Durchmesser (Rezept → 142)
Rechteckiger Vanillebutterkuchen, 20 x 30 cm (Rezept → 142)
2 Portionen Vanillebuttercreme (Rezept → 145)
Lebensmittelfarben: rosa und grün
Miss-Piggy-Schablone (→ Schablonenbogen)
Schwarzer Lakritzstreifen, 20 cm lang
2 weiße Marshmallows
Jeweils 1 Mini-Schokolinse: grün, blau, rot, orange, gelb
2 TL bunte Streusel
2 lila Schokolinsen
2 kleine Marshmallows

1 Den Kuchen oben herum mit einem scharfen Messer eben schneiden. Die Buttercreme wie folgt färben: Etwa 200 Gramm hellrosa, 100 Gramm der verbliebenen Buttercreme grün und den Rest der Creme dunkelrosa. 1 EL der dunkelrosa Creme für die Ohren zur Seite stellen.

2 Den großen Kuchen mit der begradigten Seite nach unten an den unteren Teil der Kuchenplatte legen. Mit etwas dunkelrosa Buttercreme befestigen.

3 Die Schablone über den rechteckigen Kuchen legen und mit Zahnstochern feststecken. Eine runde Form für die Schnauze, zwei Ohrenformen und ein Dreieck für den Hut ausschneiden. Der restliche Kuchen wird nicht benötigt.

4 Den kleinen Rundkuchen als Schnauze wie auf dem Bild auf den großen Rundkuchen legen und mit dunkelrosa Buttercreme aufkleben.

5 Den dreieckigen Hut und die Ohren wie auf dem Bild mit der dunkelrosa Buttercreme an den großen Kuchen ankleben.

6 Die restliche dunkelrosa Buttercreme über den großen Kuchen verteilen. Die hellrosa Buttercreme auf die Schnauze und die Ohren streichen. Mit dem zur Seite gestellten Teelöffel dunkelrosa Buttercreme das Innere der Ohren gestalten. Die grüne Buttercreme auf den Hut auftragen.

7 Den Lakritzstreifen in dünne Streifen schneiden. Mit diesem den Rand und das Muster des Hutes legen sowie den Mund und die Wimpern formen. Den Hut mit Mini-Schokolinsen und Streuseln dekorieren. Die kleinen lila Schokolinsen mit Creme auf die Marshmallows kleben und als Augen auf den Kuchen positionieren. Zwei Mini-Marshmallows auf den Rüssel legen.

Sie brauchen eine runde Kuchenplatte mit 30 cm Durchmesser.

Schneiden Sie mit einem Pizzaschneider die Lakritze in dünne Streifen.

Glitzerfisch

Dekorationszeit: 1 Stunde und 10 Minuten

Runder Vanillebutterkuchen, 2 x 22 cm Durchmesser (Rezept → 142)
Glitzerfisch-Schablone (→ Schablonenbogen)
2 Portionen Vanillebuttercreme (Rezept → 145)
Lebensmittelfarben: grün, blau
Zuckerschrift: schwarz, rot
1 weißes Marshmallow
12 gelbe gezuckerte Fruchtgummis, halbiert
10 grüne gezuckerte Fruchtgummis, halbiert
10 lila gezuckerte Fruchtgummis, halbiert
Bunte Schokocrispies

1 Eventuell die Kuchen oben herum gerade abschneiden. Die Körperschablone auf einen Kuchen legen und mit Zahnstocher feststecken. Die Mundform mit einem kleinen, scharfen Messer ausschneiden. In derselben Weise die anderen Vorlagen ausschneiden.

2 Den Fisch wie abgebildet auf die Kuchenplatte legen. Die Flossen – falls nötig – zurechtschneiden, damit sie genau am Fischkörper anliegen. Mit einem scharfen Messer auf dem Körper drei Abschnitte leicht markieren.

3 Ein Viertel der Buttercreme zur Seite stellen. Die restliche Creme in gleichen Teilen auf zwei Schüsseln verteilen. Einen Teil mit der blauen und den andern Teil mit der grünen Lebensmittelfarbe bis zum gewünschten Farbton einfärben.

4 Die ungefärbte Buttercreme auf das Fischgesicht auftragen. Die blaue Creme auf den mittleren Abschnitt und die Schwanzflosse streichen. Die Flossen wie auf dem Bild mit Buttercreme an den Körper kleben. Den ersten und dritten Abschnitt des Fischkörpers sowie die Flossen mit grüner Creme überziehen.

5 Mit der schwarzen Zuckerschrift die Linien zwischen den Abschnitten und auf der Schwanzflosse markieren. Den Mund mit der roten Zuckerschrift umranden.

6 Das Marshmallow halbieren und eine Hälfte als Auge auf den Kuchen legen. Mit der schwarzen Zuckerschrift einen Punkt als Pupille aufmalen. Die halbierten Fruchtgummis mit der klebrigen Seite nach oben als Fischschuppen in die Abschnitte legen. Zum Abschluss die Spitzen der Schwanzflosse mit Schokocrispies bestreuen.

Sie brauchen eine rechteckige Kuchenplatte (30 x 50 cm).
Als Seegras verwenden Sie grüne Gummischnüre.

RAAAH

★ Grünes Monster

Dekorationszeit: 1 Stunde 30 Minuten

Runder Vanillebutterkuchen, 15 cm Durchmesser (Rezept → 142, → Tipp)
Quadratischer Vanillebutterkuchen, 15 x 15 cm (Rezept → 142, → Tipp)
1 Portion Vanillebuttercreme (Rezept → 145)
500 g weißer Fondant
Lebensmittelfarben: grün, dunkelblau, schwarz
Puderzucker, gesiebt
Grüne Monster-Schablone (→ Schablonenbogen)
Schwarze Zuckerschrift

1 Die Kuchenoberflächen, falls erforderlich, mit einem scharfen Messer gerade schneiden. Den runden Kuchen halbieren (→ Abbildung 1) und eine Hälfte zur Seite legen. Die andere Hälfte und den rechteckigen Kuchen mit etwas Buttercreme zusammenkleben (→ Abbildung 2) und beide mit Buttercreme bestreichen.

2 Für das Gesicht 380 g Fondant mit der grünen Speisefarbe einfärben. Auf einer mit Puderzucker bestäubten Arbeitsfläche zu einer weichen Masse kneten und zu einem 35 cm großen Rechteck ausrollen. Den Fondant mit der Teigrolle vorsichtig hochheben und über den Kuchen legen. Mit warmen, trockenen Händen die Masse auf dem Kuchen vorsichtig glätten. Überstehende Reste abschneiden (→ Abbildung 3) und beiseitelegen.

3 Für die Haare 60 g des Fondants dunkelblau einfärben und ausrollen. Die Haare mit der Vorlage ausschneiden und mit etwas Wasser am Kopf befestigen. Mit der runden Spitze eines Pinselgriffes die Haarstruktur andeuten.

4 Unter Vorlage des Bildes aus den grünen Fondantresten die Augenbrauen, Lippen und Nase formen. Mit der Schablone die grünen Ohren herstellen. Für die Augen den grünen Fondant noch intensiver mit grüner Lebensmittelfarbe färben und die Iris ausschneiden. 30 g des noch vorhandenen weißen Fondants mit schwarzer Farbe färben und mit der Schablone den Mund fertigen. Zähne und Augen wie auf dem Bild aus dem weißen Fondant formen und alle Teile mit etwas Wasser auf dem Gesicht befestigen. Augen und Mundwinkel mit schwarzer Zuckerschrift hervorheben.

TIPP: Hier benötigen Sie zwei Portionen Vanillebutterkuchen. Geben Sie dafür jeweils eine Portion in die vorbereiteten Formen, und backen Sie sie für 30–35 Minuten.

Sie brauchen eine runde Kuchenplatte mit 30 cm Durchmesser.

1 *Kuchen, falls nötig, oben herum gerade schneiden.*

2 *Eckigen und halbrunden Kuchen mit etwas Buttercreme zusammenkleben.*

3 *Fondant glätten und Rand zurechtschneiden.*

rip
rip

rip

★ Freche Mäuse

Dekorationszeit: 1 Stunde

Runder Vanillebutterkuchen, 24 cm Durchmesser (Rezept → 142 und Tipp)
Große Vanille-Muffins, 2 x 80 ml (→ Tipp)
1 Portion Vanillebuttercreme (Rezept → 145)
Lebensmittelfarben: grau, gelb
2 rosa Marshmallows, halbiert
4 braune Mini-Schokolinsen
2 rote Mini-Schokolinsen
Schwarze Lakritze, 10 cm Länge
500 g weißer Fondant
Puderzucker, gesiebt

1 Falls nötig, den oberen Teil der Kuchen flach schneiden. 120 ml Buttercreme mit der grauen und die restliche Creme mit gelber Farbe einfärben. Für die Mäuse die Muffins oben und seitlich mit grauer Buttercreme bestreichen.

2 Die halbierten Marshmallows als Ohren auf die Muffins setzen und mit roten und braunen Schokolinsen die Augen und Nasen andeuten.

3 Für die Schnurrhaare 12 Lakritzstreifen zurechtschneiden und jeweils 6 an den Mäusen anbringen. Zwei Streifen von jeweils 10 cm Länge zu Mäuseschwänzen schneiden.

4 Den großen Kuchen mit der angeschnittenen Seite nach unten auf die Kuchenplatte legen. Mit einem kleinen Löffel oder einem Kugelausstecher verschieden große Löcher über dem Kuchen verteilt aushöhlen, um einen Schweizer Käse anzudeuten. Danach eine sehr dünne Schicht Buttercreme auf dem Kuchen und in den Löchern verteilen.

5 Den restlichen Fondant gelb färben und auf einer mit Puderzucker bestreuten Arbeitsfläche durchkneten. Den Fondant zu einem Kreis mit 35 cm Durchmesser und 4 mm Stärke ausrollen. Mit Hilfe der Teigrolle den Belag hochheben und über den Kuchen legen. Mit warmen und trockenen Händen den Fondant glatt streichen und die Käselöcher ausformen. Die Mäuse wie auf dem Bild auf dem Kuchen positionieren.

TIPP: Für diesen Kuchen sind 2 Portionen Vanillebutterkuchen nötig. Geben Sie 60 ml des Teiges in jede der gefetteten Muffinsformen (Größe 80 ml), und backen Sie diese für 20 Minuten. Den restlichen Teig in eine runde Backform mit 24 cm Durchmesser füllen und 1 Stunde und 10 Minuten im Ofen backen.

Sie brauchen eine runde Kuchenplatte mit 40 cm Durchmesser.

Schneiden Sie mit einem Pizzaschneider die Lakritze in dünne Streifen.

★ Verrückter Löwe

Dekorationszeit: 1 Stunde

Rechteckiger Vanillebutterkuchen, 22 x 35 cm (Rezept → 142)
1 Portion Vanillebuttercreme (Rezept → 145)
Schablone: Verrückter Löwe
2 EL ungesüßter Kakao, gesiebt
Lebensmittelfarbe: gelb
2 braune Schokolinsen
2 weiße Marshmallows
Schwarze Lakritze, 20 cm lang
2 weiße Schokoladenplättchen
1 Schokoladenplättchen
1 roter, gezuckerter Fruchtgummi

1 Mit einem scharfen Messer, falls nötig, den Kuchen oben herum gerade schneiden und auf die Kuchenplatte legen. Die Schablone auf dem Kuchen mit Zahnstochern befestigen. Den Löwenkopf mit einem kleinen, scharfen Messer ausschneiden. Das Kakaopulver in ein Drittel der Buttercreme einrühren und die restliche Creme mit der gelben Lebensmittelfarbe färben.

2 Für das Gesicht die gelbe Buttercreme in ovaler Form auf der Mitte des Kuchens verteilen.

3 Für die Mähne die braune Creme auf den restlichen Kuchen auftragen und mit einem Spachtelmesser etwas aufrauen.

4 Mit einem Tropfen Buttercreme jeweils eine braune Schokolinse auf ein Marshmallow kleben und als Augen auf das Gesicht setzen. Die Lippen und Schnurhaare mit den Lakritzstreifen formen.

5 Als Ohren die weißen Schokoplättchen wie auf dem Bild anbringen. Für das Ohrinnere von den braunen Schokoplättchen unten ein Drittel abschneiden. Das große Stück halbieren und mit einem Tropfen Buttercreme befestigen.

6 Das restliche Schokoplättchen als Nase auf den Kuchen legen. Für den Mund den roten Fruchtgummi zu einer Zunge schneiden und unter die Nase legen.

Sie brauchen eine rechteckige Kuchenplatte (25 x 35 cm).

Schneiden Sie die Lakritze mit einem Pizzaschneider in feine Streifen.

★ Schlafende Häschen

Dekorationszeit: 1 Stunde und 15 Minuten

2 Quadratische Vanillekuchen, je 20 x 20 cm (Rezept → 142)
1 Portion Vanillebuttercreme (Rezept → 145)
Lebensmittelfarben: gelb, braun
6 große weiße Marshmallows
320 g weißer Fondant
3 kleine orangefarbene Schokolinsen
Zuckerschrift: schwarz
Puderzucker, gesiebt
10 bunte Zuckerblumen (→ Tipp)
4 kleine gelbe Schokolinsen
3 kleine rote Schokolinsen

Sie brauchen eine quadratische Kuchenplatte mit 30 cm Durchmesser.

1 Die Kuchen mit einem scharfen Messer oben herum flach und gerade abschneiden. Die Buttercreme mit der gelben Lebensmittelfarbe bis zum gewünschten Farbton färben.

2 Mit einem gezackten Messer einen der Kuchen in der Mitte durchschneiden. Eine Hälfte in die Mitte der Tortenplatte legen und mit etwas Buttercreme festkleben. Die andere Hälfte längs halbieren und mit Buttercreme und der runden Seite nach außen an einem Ende des Kuchens befestigen, um das Kopfteil des Bettes zu formen.

3 Die restliche Buttercreme auf dem gesamten Kuchen verteilen. Drei Marshmallows als Kissen auf das Bett legen. Die restlichen Marshmallows halbieren und jeweils zwei Hälften in einer Reihe unterhalb der Kissen legen, um damit die Körper der drei Häschen unter der Decke anzudeuten.

4 120 g des Fondants mit brauner Lebensmittelfarbe einfärben. Davon 40 g in drei Portionen teilen und aus diesen jeweils zwei Ohren und zwei Pfoten formen. Aus dem Rest der Masse drei Kugeln für die Köpfe der Häschen herstellen. Die Ohren mit Wasser befeuchten und an den Köpfen festkleben.

5 Mit etwas Wasser die Köpfe auf den Bettkissen und die orangefarbenen Schokolinsen als Nasen auf den Hasengesichtern fixieren. Anschließend mit der schwarzen Zuckerschrift Augen und Ohren aufmalen.

6 Für die Bettdecke den restlichen Fondant auf einer mit etwas gesiebtem Puderzucker bestreuten Arbeitsfläche zu einer glatten Masse kneten. Zu einem 25 cm großen Rechteck ausrollen, die Ecken zurechtschneiden und mit dem Messerrücken vorsichtig ein Patchwork-Muster eindrücken.

7 Die ausgerollte Masse mit Hilfe einer Teigrolle über den Kuchen legen und den oberen Teil genau unterhalb der Köpfe der Häschen einmal umschlagen. An den Bettseiten die überstehende Masse zurechtschneiden.

8 Die Pfoten der Häschen und danach die Zuckerblumen mit etwas Wasser auf die Bettdecke kleben. Die gelben und roten Schokolinsen auf dem Kopfteil des Bettes verteilen.

TIPP: Zuckerblumen sind kleine Blumen aus Puderzucker und sind in der Kuchenabteilung jedes Supermarktes erhältlich.

★ Die Krake Sam

Dekorationszeit: 1 Stunde und 30 Minuten

Vanillebutterkuchen, 2,5 l zubereitet in einer kegelartigen 2,5 l feuerfesten Schüssel-Backform (Dolly-varden → 146; Rezept → 142, → Tipp)
Mini-Vanille-Muffins, 48 x 20 ml, in Aluförmchen gebacken (→ Tipp)
3 Portionen Vanillebuttercreme (Rezept → 145)
Lebensmittelfarben: orange, blau
2 EL Zucker
1 roter, saurer Fruchtstreifen
2 blaue Schokolinsen
2 weiße Marshmallows
1 rote Fruchtgummischlange
70 bunte Getreideknusperringe
Blaue Zellophanfolie

Sie brauchen eine runde Kuchenplatte mit 60 cm Durchmesser.

1 Die Kuchen oben herum, falls nötig, mit einem scharfen Messer begradigen. Die Buttercreme mit der orangefarbenen Lebensmittelfarbe einfärben. Den Zucker in einen verschließbaren Plastikbeutel geben und ein paar Tropfen der blauen Lebensmittelfarbe hinzufügen. Den Beutel verschließen und den darin enthaltenen Zucker durch Reiben blau färben.

2 Den kegelförmigen Kuchen (Dolly-varden-Backform) in die Mitte der Kuchenplatte stellen (→ Abbildung) und ihn mit etwas orangefarbener Buttercreme befestigen.

3 Die restliche orangefarbene Buttercreme auf dem großen Kuchen und den Muffins verteilen. Bei Letzteren nur die Seiten und Böden und nicht den oberen Teil bestreichen. Die Mini-Muffins wie auf dem Bild umgedreht auf der Kuchenplatte platzieren, um so die Krakenarme darzustellen.

4 Für die Haare den sauren Fruchtstreifen mit einer Küchenschere halbieren. Anschließend in jeder Hälfte des Bandes bis auf 2 cm am Ende 5 mm breite Streifen einschneiden. Die Hälften – wie auf der Abbildung rechts – in den oberen Teil des großen Kuchens eindrücken.

5 Für die Augen jeweils eine blaue Schokolinse mit etwas Buttercreme auf die Marshmallows kleben. Anschließend die Marshmallows auf das Gesicht legen (→ Abbildung rechts). An beiden Enden der Fruchtschlange 1,5 cm abschneiden und das Mittelstück als Mund auf den Kuchen legen. Die Mini-Muffins entsprechend der Abbildung mit bunten Getreideknusperringen dekorieren.

6 Den blauen Zucker auf die Kuchenplatte streuen. Die blaue Zellophanfolie in dünne Streifen schneiden und als Wellen auf die Kuchenplatte legen.

TIPP: Für dieses Rezept sind drei Portionen Vanillebutterkuchen nötig. Hierfür jeweils 3 gestrichene Teelöffel des Kuchenteigs in die 48 gefetteten Mini-Muffins-Aluförmchen (20 ml) geben und 10 Minuten im Ofen backen. Den Rest des Kuchenteiges in eine kegelförmige Kuchenbackform (2,5 l, Dolly-varden → 146) füllen und 75 Minuten backen.

Marienkäfer-Parade

Dekorationszeit: 1 Stunde

12 x 80 ml Vanillemuffins in roten Papierförmchen (Rezept → 142)
1 Portion Vanillebuttercreme (Rezept → 145)
Lebensmittelfarbe: rot, schwarz
Schwarze Lakritze
70 g weißer Fondant
Schwarze Zuckerschrift

1 Die Kuchenoberfläche oben mit einem scharfen Messer begradigen. Die Buttercreme mit der roten Farbe färben und mit einem Spachtelmesser oder einer Spachtel auf die Muffins streichen.

2 Die Lakritze in lange, dünne Streifen schneiden. Um den Kopf zu markieren, werden die Streifen als Halbkreis auf den Muffin gelegt. Für die Flügel einen Streifen in die Mitte legen.

3 50 g des Fondants mit schwarzer Lebensmittelfarbe färben. Davon erbsengroße Stücke in kleine Bällchen rollen. Jeweils drei Bällchen auf eine Flügelseite legen.

4 Für die Augen den restlichen Fondant ebenfalls in erbsengroße Bällchen rollen und auf den Muffins positionieren. Die Pupillen mit schwarzer Zuckerschrift aufmalen.

Sie brauchen eine quadratische Kuchenplatte mit 40 cm Durchmesser.

Die Platte mit Zuckerblumen und gezuckerten Fruchtgummis in Blattform dekorieren.

★ Die Katze Clarissa

Dekorationszeit: 1 Stunde und 15 Minuten

Runder Vanillebutterkuchen mit 24 cm Durchmesser (Rezept → 142)
1 Portion Vanillebuttercreme (Rezept → 145)
Lebensmittelfarben: orange, schwarz, beige, rosa, rot
100 g weißer Fondant
Puderzucker, gesiebt
Schablone: Katze Clarissa (→ Schablonenbogen)
Breites weißes Band, 30 cm x 5 mm
Breites orangefarbenes Band, 30 cm x 5 mm
Schwarze Lakritze, 10 cm

1 Falls nötig, den Kuchen mit einem scharfen Messer oben gerade und flach, seitlich zu einer leicht ovalen Form schneiden und auf die Kuchenplatte legen.

2 Ein Viertel der Vanillebuttercreme orange färben und als Flecken auftragen. Danach mit einer Gabel aufrauen, um das Katzenfell anzudeuten.

3 Die Fondantmasse halbieren. Eine Hälfte mit der schwarzen Farbe und die andere Hälfte beige färben, bis sie wie die Buttercreme aussieht. Die Arbeitsfläche mit etwas Puderzucker bestäuben und zu einer geschmeidigen Masse kneten.

4 Für die Ohren den beigefarbenen Fondant 4 mm dick ausrollen. Die größere Ohr-Schablone auflegen und beide Ohren ausschneiden.

5 Für das Ohreninnere den restlichen beigefarbenen Fondant rosa einfärben und auf der mit Puderzucker bestäubten Arbeitsfläche kneten. Den rosa Fondant 4 mm dick ausrollen und mit Hilfe der kleineren Ohrschablone zwei Ohren ausschneiden. Mit etwas Wasser die kleineren rosa Ohren auf die größeren kleben und anschließend auf dem Kuchen positionieren.

6 Mit beiden Bändern eine Schleife binden und wie im Bild an ein Ohr heften.

7 Mit dem schwarzen Fondant die Nase und Augen formen. Den restlichen rosa Fondant rot färben, zu einer Schlange rollen und als Mund zusammen mit Nase und Augen auf den Kuchen legen.

8 Für die Schnurrhaare den Lakritzstreifen mit einem Pizzaschneider oder einem scharfen Messer längs in Streifen schneiden und damit das Gesicht fertigstellen.

Sie brauchen eine runde Kuchenplatte mit 30 cm Durchmesser.

★ DinoSaurier Daniel

Dekorationszeit: 1 Stunde und 20 Minuten

Rechteckiger Vanillebutterkuchen, 20 x 30 cm (Rezept → 142)
2 Portionen Vanillebuttercreme (Rezept → 145)
Lebensmittelfarbe: lila
Schablone: Dinosaurier Daniel (→ Schablonenbogen)
Zuckerschrift: schwarz
2 weiße kleine Marshmallows
12 gelbe Schokolinsen
12 grüne Mini-Schokolinsen

1 Die Kuchenoberseite mit einem scharfen Messer gerade schneiden. Die Vanillebuttercreme lila einfärben.

2 Die Schablone auf den Kuchen legen und mit Zahnstochern feststecken. Mit einem kleinen scharfen Messer den Dinosaurierkörper ausschneiden (→ Abbildung 1). Aus dem Rest des Kuchens den Kopf und den Schwanz ausschneiden (→ Abbildung 2).

3 Den Kopf und den Schwanz mit Buttercreme an den Körper kleben und etwas festdrücken (→ Abbildung 3).

4 Den Dinosaurier oben und seitlich mit Buttercreme bedecken. Unter Zuhilfenahme der Schablone die Beine des Dinosauriers mit einem Spieß oder einem Zahnstocher skizzieren. Die Linien mit schwarzer Zuckerschrift nachzeichnen.

5 Für die Augen die weißen Marshmallows etwas flach drücken und auf den Kuchen legen. Mit der schwarzen Zuckerschrift die Pupillen aufmalen. Die gelben und grünen Schokolinsen auf dem Kuchen verteilen.

Sie brauchen eine runde Kuchenplatte mit 30 cm Durchmesser.

Verwenden Sie bunte Schokolinsen für die Sonne.

1 *Dinosaurierkörper ausschneiden*

2 *Kopf und Schwanz aus Kuchenresten schneiden*

3 *Beides mit etwas Buttercreme am Körper festkleben.*

Wumm - Surr - Zisch

★ Düsenjet

Dekorationszeit: 1 Stunde und 30 Minuten

Kastenform Vanillebutterkuchen, 9 x 19 cm (Rezept → 142)
Rechteckiger Vanillebutterkuchen, 20 x 30 cm (Rezept → 142)
1½ Portionen Vanillebuttercreme (Rezept → 145)
Lebensmittelfarben: grün, blau
Schablone: Düsenjet (→ Schablonenbogen)
60 cm schwarze Lakritze
20 kleine, weiße rechteckige Zuckerbonbons
12 gelbe Mini-Schokolinsen
12 orange Mini-Schokolinsen
15 rote Mini-Schokolinsen

1 Falls nötig, den Kuchen oben mit einem scharfen Messer begradigen. 160 ml Vanillebuttercreme grün und ⅓ blau färben.

2 Für den Flugzeugrumpf an einem Ende die Ecken mit einem scharfen Messer abschneiden und eine leichte Spitze formen (→ Abbildung 1). Das Kuchenstück mit etwas grüner Buttercreme auf die Mitte der Kuchenplatte kleben.

3 Die Schablone für die Flügel und das Ende des Flugzeugs auf den rechteckigen Kuchen legen und mit Zahnstochern feststecken. Mit einem scharfen Messer zwei Flügel und drei Dreiecke für das Flugzeugende ausschneiden (→ Abbildung 1).

4 Die grüne Buttercreme auf dem Rumpf verteilen (→ Abbildung 2). Die restlichen Kuchenstücke mit blauer Creme bestreichen. Die Flügel mit etwas Buttercreme am Rumpf ankleben. Die anderen Kuchenstücke am Ende des Rumpfes mit Zahnstochern befestigen und dann das hintere Steuerruder mit einem Zahnstocher darauf feststecken.

5 Für die Turbinen 25 cm lange Stücke von der Lakritze zuschneiden, zusammenrollen und zur Seite legen.

6 Die weißen Zuckerbonbons und die Schokolinsen – wie gegenüberliegende Abbildung zeigt – auf das Flugzeug kleben.

7 Die Lakritzrollen an den vorderen Teil der Tragflächen legen. Die restliche Lakritze in dünne Streifen schneiden und damit die Fenster vorn umrahmen.

Sie brauchen eine quadratische Kuchenplatte (40 x 40 cm).

Schneiden Sie mit einem Pizzaschneider die Lakritze in dünne Streifen.

Die Landebahn wird mit Schokostreusel und Gummitropfen modelliert.

1 Alle Einzelteile mit Hilfe der Schablone aus dem Kuchen schneiden.

2 Den Flugzeugrumpf mit grüner Creme bestreichen.

Tuff-Tuff-Eisenbahn

Dekorationszeit: 1 Stunde und 30 Minuten

56 bunte Eisstäbchen
Zwei Vanillebutterkuchen in Kastenform, je 9 x 19 cm (Rezept → 142)
2 Biskuitröllchen, 5 cm Länge
2 Portionen Vanillebuttercreme (Rezept → 145)
Lebensmittelfarben: rot, blau, gelb, grün
Schwarze Lakritze, 1 m Länge
1 großes weißes Marshmallow
18 bunte Schokostreuselplätzchen
2 Eiswaffeln
2 orangefarbene Schokolinsen
10 Zuckerstangen mit Fruchtgeschmack
10 runde bunte Fruchtbonbons
20 bunte Fruchtgummibohnen
Lakritzgummistangen, 3 x 2,5 cm

1 Die Eisstäbchen wie auf dem Bild als Gleis auf die Kuchenplatte legen.

2 Die Kuchen, falls nötig, oben gerade schneiden. Von einem Kuchen ein Drittel abschneiden und den zweiten Kuchen in drei gleiche Teile schneiden. Für die Lokomotive ein kleines Kuchenstück auf ein größeres legen und beide auf das Gleis setzen. Die Biskuitröllchen im rechten Winkel zueinander als Schornstein anbringen.

3 Eine Hälfte der Buttercreme rot einfärben. Die andere Hälfte zu gleichen Teilen in drei Schüsseln geben und jeweils eine Portion rot, gelb und grün färben. Die rote Buttercreme auf der Lokomotive und dem unteren Teil des Schornsteins auftragen. Die blaue Creme auf dem Schornstein verteilen. Jeden Waggon mit einer farblich unterschiedlichen Buttercreme bestreichen.

4 Die Waggons hinter die Lokomotive auf die Gleise setzen. Die Lakritze in dünne Streifen schneiden und – wie auf dem Bild – die Waggons und die Lokomotive umrahmen. Das Marshmallow als Rauch auf den Schornstein legen.

5 Für die Räder die Schokostreuselplätzchen unten an jedem Kuchen anbringen, zwei für jede Seite eines Waggons und drei für die Lokomotive. Die Eiscremewaffel als Fenster der Lokomotive leicht andrücken.

6 Die orangefarbenen Schokolinsen vorn auf der Lokomotive als Lichter anbringen. Die Waggons mit Zuckerstangen, bunten Fruchtgummis und Fruchtgummibohnen beladen. Die einzelnen Kuchen mit den Lakritzstangen miteinander verbinden.

Skateboard

Dekorationszeit: 1 Stunde

Rechteckiger Vanillebutterkuchen, 26 x 35 cm (Rezept → 142)
Schablone: Skateboard (→ Schablonenbogen)
1 ½ Portionen Vanillebuttercreme (Rezept → 145)
Lebensmittelfarben: lila, grün
4 Biskuitröllchen, je 8 cm Länge
4 saure Gummistreifen
22 blaue Schokolinsen
20 lilafarbene Schokolinsen

1 Mit einem scharfen Messer den Kuchen oben gerade und flach schneiden und umdrehen. Die Schablone mit Zahnstochern auf dem Kuchen feststecken und die Form mit einem kleinen scharfen Messer ausschneiden (→ Abbildung 1).

2 Für den hinteren Teil des Skateboards vom Kuchen hinten ein Stück im 45° Winkel abschneiden und als Endspitze auf den Kuchen legen (→ Abbildung 2).

3 ¾ der Buttercreme lila färben. Die restliche Creme grün einfärben.

4 Für die Räder jedes Biskuitröllchen mit der lila gefärbten Creme bestreichen. Zwei Röllchen im Abstand von 1 cm nebeneinander auf die Platte legen. Das andere Paar etwa 11 cm davon parallel legen. Dazwischen ein Stück der Schnittreste des Kuchens legen, das dieselbe Höhe wie die Biskuitröllchen haben muss.

5 Das große Kuchenstück komplett mit grüner Buttercreme bestreichen. Danach vorsichtig auf die Rollen legen.

6 Für die Streifen die sauren Gummistreifen in zwei 30 cm lange Stücke schneiden. Dabei ein Ende der Spitze des Skateboards anpassen. Die Streifen parallel auf das Skateboard legen und daneben eine Reihe bunter Schokolinsen setzen. In die Mitte der Räder eine blaue Schokolinse aufkleben.

Sie brauchen eine rechteckige Kuchenplatte, 35 x 25 cm.

1 *Mit der Schablone das Skateboard ausschneiden.*

2 *Das Ende des Kuchens schräg abschneiden und als Endspitze darauf setzen.*

SKATE!

STOP
123

★ Roter Doppeldecker

Dekorationszeit: 1 Stunde und 30 Minuten

Rechteckiger, saftiger Schokoladenkuchen, 26 x 35 cm (Rezept → 144)
2 Portionen Vanillebuttercreme (Rezept → 145)
Lebensmittelfarbe: rot
4 Schokokekse
4 weiße Schokoladenplättchen
Schwarze Lakritze, 1 m
150 g weißer Fondant
Puderzucker, gesiebt
Zuckerschrift: schwarz
4 orangefarbene Schokolinsen
2 mit Schokolade überzogene Lakritzstäbchen

1 Mit einem scharfen Messer den Kuchen oben herum gerade abschneiden. Den Kuchen in drei 10 x 20 cm große Stücke schneiden.

2 Die Buttercreme rot färben. Die drei Kuchenstücke mit etwas roter Buttercreme aufeinander kleben. Mit Buttercreme auf der Kuchenplatte befestigen. Die rote Buttercreme oben und auf der Seite des Kuchens verteilen.

3 Für die Räder die Schokokekse an die Seiten des Kuchens legen. Die weißen Schokoladenplättchen als Radkappen auf die Kekse kleben. Vier 1 x 8 cm große Lakritzstreifen als Schutzbleche mit Buttercreme über den Rädern befestigen. Einen sehr dünnen Lakritzstreifen oben um den Kuchen herum legen, um die zwei Etagen anzudeuten (→ Abbildung links).

4 Für die Fenster den weißen Fondant auf einer mit Puderzucker bestreuten Arbeitsfläche etwa 4 mm dick ausrollen. Mit einer rechteckigen Ausstechform oder einem scharfen Messer 16 Fenster (2 x 4 cm) ausschneiden. Auf jede Seite zwei Fensterreihen kleben (→ Abbildung links). Ein rechteckiges Stück – 2 x 8 cm – aus dem Fondant schneiden und am Bus hinten, auf dem unteren Teil, befestigen. Zwei Rechtecke, 6 x 8 cm, zurechtschneiden und eines davon auf die obere Hälfte der Busrückseite kleben. Für die Vorderseite das andere Rechteck in zwei Teile schneiden – siehe Abbildung links – und auf dem Kuchen anbringen.

5 Als Kennzeichen zwei 1 x 2 cm große Rechtecke aus dem Fondant schneiden. Mit der schwarzen Zuckerschrift Zahlen und Buchstaben darauf schreiben.

6 Für die Stoßstange zwei 2 x 12 cm Lakritzstreifen vorn und hinten am unteren Teil des Busses anbringen und darauf die Kennzeichen mit Buttercreme befestigen. Die orangen Schokolinsen als Vorder- und Rückleuchten mit etwas Buttercreme ankleben. Die Lakritzstäbchen auf beiden Seiten als Seitenspiegel anbringen.

Sie brauchen eine quadratische Kuchenplatte, 24 x 24 cm.

Markieren Sie die Straße mit Schokolade überzogenen Lakritzstäbchen.

Matchball

Dekorationszeit: 1 Stunde und 15 Minuten

Eckiger Vanillebutterkuchen, 25 cm (Rezept → 142)
2 Portionen Vanillebuttercreme (Rezept → 145)
Lebensmittelfarben: blau, schwarz
4 bunte saure Streifen
250 g weißer Fondant
Puderzucker, gesiebt
Schwarze Lakritze, 1 m

1 Die Kuchenoberfläche, falls nötig, mit einem scharfen Messer begradigen. Den Kuchen in der Mitte horizontal in zwei Teile schneiden und nebeneinander legen. Unter Vorlage des Bildes mit einem scharfen Messer aus einer Hälfte die ovale Form des Schlägers und aus der anderen die des Griffes herausschneiden. Dabei den oberen Teil des Griffes als Übergang zur Schlagfläche zurechtschneiden.

2 ¾ der Buttercreme bis zum gewünschten Farbton blau einfärben und über den ovalen Teil des Schlägers verteilen. Die restliche Creme schwarz färben und auf den Griff aufstreichen. Die bunten Streifen halbieren und um den Griff legen.

3 Für die Schlagfläche den weißen Fondant auf einer leicht mit Puderzucker bestäubten Arbeitsfläche weich kneten. Danach zu einer etwa 4 mm dünnen Schicht ausrollen, daraus eine ovale Form schneiden, die im Durchmesser 2,5 cm kleiner sein sollte als die Schlagfläche. Anschließend auf die Schlagfläche legen.

4 Die Lakritze längs mit einem Pizzaschneider in 2 mm dünne Streifen schneiden. Mit einem feinen Pinsel und Wasser das Netzmuster auf dem Fondant anzeichnen. Danach die Lakritzstreifen auf die vorgezeichneten Linien legen. Die Schlagfläche mit Lakritzstreifen umrahmen.

Sie brauchen eine rechteckige Kuchenplatte, 25 x 50 cm.

★ Rennauto - brumm

Dekorationszeit: 1 Stunde und 20 Minuten

Rechteckiger Vanillebutterkuchen, 20 x 30 cm (Rezept → 142)
Kastenform Vanillebutterkuchen, 9 x 19 cm (Rezept → 142)
Schablone: Rennauto (→ Schablonenbogen)
1 ½ Portionen Vanillebuttercreme (Rezept → 145)
Lebensmittelfarben: rot, gelb
2 schwarze Lakritzstreifen, je 1 m Länge
8 runde Schokoladenkekse
4 weiße Pfefferminzbonbons
2 schwarze Lakritzstangen
2 gelbe Fruchtgummitropfen
1 weißes Marshmallow
3 Lakritzbonbons, halbiert
2 gelbe, runde gezuckerte Fruchtgummis
Eckiger schwarzer Karton, 10 cm Länge

1 Die Oberfläche der Kuchen begradigen. Die Schablone für den unteren Teil des Autos auf den rechteckigen Kuchen legen und mit Zahnstochern feststecken. Mit einem scharfen Messer die Form ausschneiden (→ Abbildung 1). Bei dem Kastenkuchen auf den beiden langen Seiten ein Stück abschneiden. Anschließend in der Mitte den Kuchen in einem Winkel von etwa 45 ° abschneiden (→ Abbildung 2).

2 120 ml Vanillebuttercreme gelb einfärben, den Rest rot färben. Den unteren Teil des Autos auf die Kuchenplatte legen und mit der roten Creme bestreichen (→ Abbildung 3). Danach die Fahrerkabine darauf setzen und mit roter Buttercreme bestreichen.

3 Mit einem Spritzbeutel (Tülle 5 mm Durchmesser) gelbe Buttercreme in der Mitte und an den Seiten in dünnen Seiten auftragen. Lakritze in lange, dünne Streifen schneiden und auf den Kuchen legen (→ vgl. Abbildung links).

4 Für jedes Rad zwei Schokoladenkekse mit etwas Buttercreme zusammenkleben, mit einem 18 cm langen schwarzen Lakritzstreifen umwickeln und mit Buttercreme befestigen. Auf diese Weise alle 4 Räder anfertigen. Ein Pfefferminzbonbon mit Creme als Radnabe aufkleben.

5 Für den Spoiler einen Zahnstocher durch eine 4 cm lange Lakritzstange und danach durch ein Ende des 10 cm langen Lakritzstreifens stechen. Auf die Spitze einen gelben Fruchtgummitropfen setzen, am anderen Ende des Streifens genauso verfahren und den Spoiler auf das Auto stecken. Für den Helm ein kleines rechteckiges Stück der Lakritze auf das Marshmallow kleben.

6 Das Auto mit Lakritzbonbons dekorieren und die gelben gezuckerten Fruchtgummis als Scheinwerfer aufkleben. Aus dem schwarzen Karton das Alter des Geburtstagskindes ausschneiden und auf die Motorhaube kleben.

Sie brauchen eine rechteckige Kuchenplatte, 25 x 30 cm.

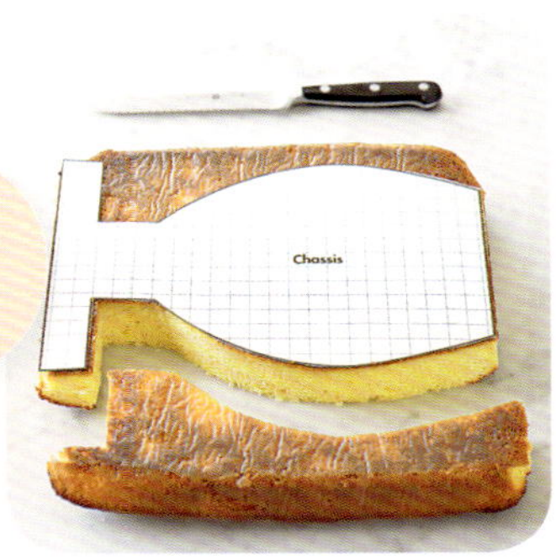

1 Die Schablone feststecken und die Form ausschneiden.

2 Den Kastenkuchen als Fahrerkabine zuschneiden.

3 Die Karosserie mit roter Buttercreme bestreichen.

★ E-Gitarre

Dekorationszeit: 1 Stunde und 30 Minuten

2 rechteckige Vanillebutterkuchen, 20 x 30 cm (Rezept → 142)
Schablone: E-Gitarre (→ Schablonenbogen)
2 ½ Portionen Vanillebuttercreme (Rezept → 145)
Lebensmittelfarbe: blau
2 schwarze Lakritzstreifen, je 1 m
50 g dreieckige Schokoladen- und Nugatriegel
6 braune Schokolinsen
4 Schokolade-Lakritzstäbchen
7 rote Schokolinsen
1 Marshmallow, halbiert

1 Falls nötig, die Kuchen oben herum gerade schneiden. Einen Kuchen längs in drei gleiche Teile schneiden. Den anderen Kuchen beiseitelegen. Die Kuchenstücke auf die Kuchenplatte legen und mit etwas Buttercreme zusammenkleben (→ Abbildung 1). Die Schablone mit Zahnstochern auf den Kuchen stecken. Um die innere Form zu markieren, Spießchen am Umriss entlang einstecken. Den Gitarrenkörper mit einem kleinen, scharfen Messer ausschneiden (→ Abbildung 2). Den Gitarrenhals gegebenenfalls zurechtschneiden. Mit einem Reststück des Kuchens den Gitarrenhals etwas verlängern (→ Abbildung), mit Buttercreme ankleben und das Ende abrunden.

2 120 ml Buttercreme zur Seite stellen. Weitere 120 ml der Creme mit Kakao vermischen. Die restliche Creme blau einfärben. Die mit den Spießen markierte innere Fläche mit der ungefärbten Buttercreme bestreichen. Auf 10 cm der Spitze des Gitarrenhalses und auf dem Gitarrenkörper die blaue Buttercreme verteilen. Den restlichen Gitarrenhals mit der braunen Creme bestreichen. Die Lakritze in dünne Streifen schneiden und damit die innere Fläche umranden.

3 Wie im Bild sechs Stücke des dreieckigen Schokoladenriegels als Stimmräder und die braunen Schokolinsen am Kuchen anbringen. Zwei 7 cm lange und 1 cm breite Lakritzstreifen zuschneiden und in die Mitte der Gitarre legen. An deren Enden jeweils ein Lakritzstäbchen legen. Für die Gitarrensaiten sechs dünne, etwa 55 cm lange Lakritzstreifen schneiden und auf die Gitarre legen. Am Gitarrenhals oben das Ende der Saiten mit einem breiten Lakritzstreifen abdecken. Die Marshmallow-Hälften und die roten Schokolinsen wie auf der Abbildung rechts auf der Gitarre verteilen.

Sie brauchen eine rechteckige Kuchenplatte, 30 x 80 cm. Schneiden Sie mit einem Pizzaschneider dünne Lakritzstreifen zu. Als Gitarrengurt eignet sich ein buntes Band.

1 *Zuerst Kuchen gerade, dann Gitarrenform ausschneiden*

2 *Gitarre mit Schablone ausschneiden und Innenteil mit Zahnstochern markieren.*

Mein blaues Segelboot

Dekorationszeit: 1 Stunde und 10 Minuten, plus Kühlzeit

4 l weiche Vanilleeiscreme
400 g weißer Fondant
Lebensmittelfarben: rot, blau, gelb
Puderzucker, gesiebt
Schablone: Blaues Segelboot (→ Schablonenbogen)
1 Portion Vanillebuttercreme (Rezept → 145)
4 schwarze Lakritzstangen
9 große silberne Zuckerperlen
5 rote, runde Fruchtbonbons

1 Den Boden und den Rand der runden Springform – Durchmesser 25 cm – mit Frischhaltefolie auslegen. Die weiche Vanilleeiscreme hineinfüllen, mit einer Backspachtel glatt streichen, zudecken und über Nacht einfrieren.

2 100 g des Fondants rot färben. Den restlichen Fondant ungefärbt lassen.

3 Den ungefärbten Fondant auf einer mit Puderzucker bestreuten Arbeitsplatte weich kneten und zu einer 5 mm dicken Masse ausrollen. Mithilfe der Schablone die beiden Segel mit einem scharfen Messer ausschneiden und die Schneidereste aufbewahren.

4 Den roten Fondant ebenfalls auf der Arbeitsplatte weich kneten und 5 mm dick ausrollen. Mit einem Lineal und einem Pizzaschneider oder einem scharfen Messer 1 cm dicke Streifen schneiden. Die roten Streifen mit einem Pinsel und etwas Wasser im

Abstand von jeweils 1 cm auf die weißen Segel kleben, zur Seite legen und trocknen lassen.

5 Die Springform aus der Kühltruhe nehmen und das Eis vorsichtig herauslösen, damit die runde Form erhalten bleibt. Den Eiskuchen mit einem langen, scharfen Messer halbieren. Eine Hälfte auf einem Tablett wieder einfrieren und die andere Hälfte für andere Zwecke aufbewahren.

6 ¾ der Buttercreme dunkelbau einfärben. Den Eiskuchen aus dem Gefrierfach nehmen und mit der blauen Buttercreme bestreichen. Danach gleich wieder einfrieren. Den Rest der Buttercreme in ein helleres Blau färben und zur Seite stellen.

7 Einige Reste des Fondants gelb färben und auf der mit Puderzucker bestreuten Fläche kneten. Zu einer 3 mm dicken Masse ausrollen und mit der Schablone die Schiffsfahne ausschneiden. In Frischhaltefolie wickeln und zur Seite legen.

8 Kurz vor dem Servieren die Lakritzstäbchen mit etwas Buttercreme wie auf dem Bild als Schiffsmast auf die Kuchenplatte kleben. Auf beiden Seiten des Masts die Fondantsegel mit etwas Wasser und einem Pinsel auf der Platte befestigen. Danach die gelbe Fahne anbringen. Die hellblaue Buttercreme unterhalb des Masts auf der Platte verteilen und mit einer Backspachtel Wellen andeuten.

9 Die Eistorte aus dem Gefrierfach holen und auf die Wellen legen. Den Bootsrumpf mit den silbernen Perlen und den roten Fruchtringen dekorieren und sofort servieren.

★ Der große Brummi

Dekorationszeit: 1 Stunde und 20 Minuten

2 große Kastenformen (9 x 19 cm) mit Vanillebutterkuchen (Rezept → 142)
1½ Portionen Vanillebuttercreme (Rezept → 145)
Lebensmittelfarbe: grün
2 Schokoladenriegel, je 60 g
Schwarze Lakritze, 1,5 m Länge
6 Schokokekse
125 g Schokorosinen
1 Eiswaffel
2 orangefarbene, gezuckerte Fruchtgummis
1 Schoko-Lakritzstäbchen
24 bunte Schokolinsen
125 g Schoko-Knusperbällchen, halbiert

1 Die Kuchen oben gerade schneiden. ⅓ der Buttercreme zur Seite stellen. Die restliche Creme grün färben.

2 Von einem Eierkarton den Deckel abschneiden und die Ecken gerade schneiden, damit er flach aufsitzt. Danach Deckel in Geschenkpapier einwickeln und mit der angeschnittenen Seite nach unten auf die Kuchenplatte legen. Einen der Kuchen horizontal in zwei Hälften schneiden. Für die Ladefläche eine Hälfte mit einem Löffel flach aushöhlen und einen 1,5 cm tiefen Rand aussparen (→ Abbildung 1).

3 Vom anderen Kuchen ⅓ abschneiden, mit der Schnittseite nach unten vorn auf den Eierkarton legen und dahinter das größere Kuchenstück setzen; sie bilden das Fahrerhaus und die Motorhaube. Die eine Hälfte des anderen Kuchens dahinter als Ladefläche auf den Karton legen. Die Kuchenstücke mit ungefärbter Buttercreme aneinander kleben (→ Abbildung 2).

4 Die grüne Buttercreme auf dem Lkw verteilen (→ Abbildung 3).

5 Die Schokoladenriegel diagonal durchschneiden und als Stütze für die Ladefläche auf den Rahmen legen. Darauf das ausgehöhlte Kuchenstück legen und dieses mit ⅔ der ungefärbten Buttercreme bestreichen. Mit der restlichen Creme die Fenster ausfüllen.

6 Mit dünnen Lakritzstreifen die Fenster und die Motorhaube umrahmen sowie Türgriffe daraus herstellen. An den Seiten des Lkws unten Lakritzstreifen anbringen (→ Bild rechts). Für die Räder die Schokokekse ankleben und mit etwas Buttercreme die Schokorosinen ankleben. Die Eiswaffel zurechtschneiden und als Kühlergrill ankleben. Die roten Fruchtgummis als Scheinwerfer und das Lakritzstäbchen als senkrechtes Auspuffrohr befestigen. An den Seiten bunte Schokolinsen anbringen. Die Ladefläche beladen.

Sie brauchen eine rechteckige Kuchenplatte, 15 x 30 cm.

Dekorieren Sie die Platte mit Schoko-Lakritzstäbchen.

1 *Höhlen Sie für die Kippfläche eine Kuchenhälfte mit einem Löffel aus.*

2 *Den zweiten Kuchen für die Fahrerkabine zuschneiden.*

3 *Den Lastwagen mit grüner Creme bestreichen.*

★ American Football

Dekorationszeit: 1 Stunde und 15 Minuten

- **2 Vanillebutterkuchen, je 2,5 l, in einer Dollyvarden-Backform (→ 146) zubereitet (Rezept → 142)**
- **1 Portion Vanillebuttercreme (Rezept → 145)**
- **1,5 kg weißer Fondant**
- **Lebensmittelfarbe: schwarz, rot**
- **Puderzucker, gesiebt**

1 Mit einem scharfen Messer die Böden der beiden Kuchen, falls nötig, eben schneiden. Danach die Kuchen an den geraden Seiten mit etwas Buttercreme zusammenkleben. Einen langen Spieß von einem Ende zum anderen durchstechen, damit der Football zusammengehalten wird. (Den Spieß vor dem Servieren entfernen.) Unten den Ball etwas flach schneiden, damit er gut auf der Platte aufliegt. Mit etwas Buttercreme die Schnittreste an beiden Enden des Balles ankleben, um ihn etwas zuzuspitzen.

2 Eine dünne Schicht Buttercreme auf den Ball streichen. 40 g vom Fondant für die Naht zur Seite legen. Dann 80 g des restlichen Fondants mit der Speisefarbe schwarz färben. Auf einer mit Puderzucker bestreuten Arbeitsfläche weich kneten. Den restlichen Fondant rot färben und ebenfalls durchkneten.

3 Den roten Fondant auf der Arbeitsfläche etwa 3 mm dick ausrollen. Er sollte groß genug sein, um den ganzen Kuchen zu bedecken. Mit einer Teigrolle den Fondant dann vorsichtig über den Kuchen legen. Mit trockenen, warmen Händen den Fondant glätten und über den Kuchen entlang streichen, damit keine Falten entstehen. Überstehende Reste abschneiden und den Fondant mit den Händen glätten.

4 Für den Namen den schwarzen Fondant auf der Arbeitsfläche etwa 5 mm dünn ausrollen. Mit Ausstechformen oder einem scharfen Messer die Buchstaben ausschneiden und mit etwas Wasser auf den Kuchen kleben. Für die Naht den weißen Fondant zu einer dünnen Wurst rollen, etwas flach drücken und in fünf 3 cm lange Schnüre schneiden. Mit dem spitzen Ende eines Malpinsels 10 kleine Löcher oben am Kuchen einstechen. Die Löcher mit etwas Wasser befeuchten und die Enden der Schnüre hineinstecken. Die anderen Nähte des Balles mit einer Gabel markieren.

Sie brauchen eine runde Kuchenplatte, Durchmesser 15 cm.

Legen Sie unter den Football Schokostäbchen, um ihn zu stützen, und darunter grünen Filz als Gras.

FLYNN

★ Cricketschläger

Dekorationszeit: 1 Stunde und 20 Minuten

Rechteckiger Vanillebutterkuchen, 20 x 30 cm (Rezept → 142, → Tipp)
1 Vanillemuffin, 185 ml (→ Tipp)
1 ½ Portionen Vanillebuttercreme (Rezept → 145)
Lebensmittelfarbe: rot, braun
80 ml Schokoladenstreusel
Zuckerschrift: weiß

1 Die Kuchen oben herum mit einem scharfen Messer begradigen. 60 ml der Buttercreme mit Lebensmittelfarbe rot färben. Die restliche Creme braun einfärben.

2 Den Muffin zu einem Ball schneiden, mit der Hälfte der roten Buttercreme bestreichen, fest in Frischhaltefolie einwickeln und 30 Minuten bzw. so lang ins Gefrierfach legen, bis der Belag hart geworden ist. Danach herausnehmen und die restliche rote Creme auftragen. Wieder fest in Frischhaltefolie einrollen, damit er eine runde, glatte Form bekommt und erneut etwa 30 Minuten in das Gefrierfach legen, bis er hart geworden ist.

3 In der Zwischenzeit für den Schläger den rechteckigen Kuchen längs halbieren, die Enden zurechtschneiden und aneinander legen. Am oberen Teil etwa bis zur Hälfte auf beiden Seiten Stücke wegschneiden, um den Griff zu formen (→ Abbildung 1). Die rechteckigen Schnittreste diagonal durchschneiden und auf die Mitte des Kuchens legen. Mit etwas Buttercreme festkleben (→ Abbildung 2). Die überstehenden Schnittreste am Griff abschneiden.

4 Die braune Buttercreme auf Schläger und Griff verteilen. Den Griff mit Schokostreusel bedecken. Den Ball aus dem Gefrierfach nehmen und sofort aus der Folie lösen. Mit der weißen Zuckerschrift die Naht aufmalen und den Ball neben den Schläger legen.

TIPP: Für dieses Rezept benötigen Sie eine Portion Vanillebutterkuchen. Geben Sie 120 ml des Teiges in eine 185 ml große, gefettete Muffinform, und backen Sie den Muffin 30 Minuten. Den restlichen Teig in eine rechteckige Backform füllen und ebenfalls 30 Minuten backen.

Sie brauchen eine rechteckige Kuchenplatte, 35 x 60 cm. Streuen Sie als Gras grün gefärbte Kokosnussraspel auf die Kuchenplatte.

1 *Aus dem Ende eines Kuchens den Griff ausschneiden.*

2 *Mit den Schnittresten die Schlägerrückseite formen.*

★ Mondrakete

Dekorationszeit: 1 Stunde und 10 Minuten

Quadratischer Vanillebutterkuchen, 25 x 25 cm (Rezept → 142)
Schablone: Mondrakete (→ Schablonenbogen)
1 Portion Vanillebuttercreme (Rezept → 145)
Lebensmittelfarben: blau, orange, rot, schwarz
550 g weißer Fondant
Puderzucker, gesiebt
2 kleine Eiswaffelhörnchen
15 kleine, silberfarbige Zuckerperlen
45 gelbe, dragierte Fruchtbonbons

1 Den Kuchen oben gerade und flach zuschneiden, auf die Kuchenplatte legen und die Mondraketen-Schablone mit Zahnstochern darauf fixieren. Die Form mit einem scharfen Messer ausschneiden. Die Buttercreme blau einfärben und den Kuchen damit bestreichen.

2 300 g des Fondants orange und 150 g rot färben. Den restlichen Fondant schwarz einfärben. Alle nacheinander auf einer mit Puderzucker bestäubten Arbeitsplatte weich kneten.

3 Für die Düsenantriebe den oberen Teil des Eiswaffelhörnchens vorsichtig mit einem gezackten Messer abschneiden. Danach vorsichtig in den unteren Teil des Kuchens drücken.

4 Für die Streifen und die Spitze der Rakete den orangen Fondant 4 mm dünn ausrollen. Mit Hilfe eines Lineals und einem Messer zwei 2 cm breite Streifen schneiden. Die Streifen – wie auf dem Bild rechts – auf die Rakete legen.

5 Den restlichen orangefarbenen Fondant für die Spitze der Rakete 3 mm dünn ausrollen. Ein Dreieck von 15 x 15 x 25 cm ausschneiden und an die Spitze legen. An den Seiten entlang anpassen und eventuell überstehende Reste abschneiden.

6 Den roten Fondant auf der gezuckerten Arbeitsfläche 5 mm dick ausrollen. Darauf die Schablone für die Flügel legen und mit einem kleinen, scharfen Messer ausschneiden. Danach die Flügel mit etwas Wasser neben die Rakete auf die Kuchenplatte kleben.

7 Für die Sternscheibe den schwarzen Fondant 3 mm dünn ausrollen. Mit einer runden Ausstechform (5 cm Durchmesser) die Scheibe ausschneiden und auf den Kuchen legen. Aus dem restlichen orangen Fondant mit Ausstechformen einen kleinen und zwei große Sterne ausstechen.

8 Die beiden größeren Sterne mit etwas Wasser auf die Flügel und den kleineren in die Mitte der schwarzen Scheibe kleben. Die Rakete mit den silbernen Perlen und den gelben Fruchtbonbons wie auf dem Bild rechts dekorieren.

Sie brauchen eine quadratische Kuchenplatte, 40 x 40 cm.

Aus farbigem Karton oder Fondant Flammen, Sterne und Planeten schneiden.

Märchenland & Zauberwelt

Krone der Prinzessin

Dekorationszeit: 1 Stunde und 10 Minuten

Rechteckiger Vanillebutterkuchen, 26 x 35 cm (Rezept → 142, → Tipp)
4 Vanillemuffins in Papierförmchen, je 80 ml (→ Tipp)
2 Portionen Vanillebuttercreme (Rezept → 145)
Lebensmittelfarbe: rosa
Schablone: Krone der Prinzessin (→ Schablonenbogen)
5 runde, gezuckerte Fruchtgummis, lila, halbiert
2 ovale, gezuckerte Fruchtgummis, lila, halbiert
8 runde, gezuckerte Fruchtgummis, rot, halbiert
5 dreieckige, gezuckerte Fruchtgummis, gelb, halbiert
2 dreieckige, gezuckerte Fruchtgummis, grün, halbiert
9 Schokocrispies, rot dragiert
15 Schokocrispies, gelb
12 Schokocrispies, grün
Je 8 lila und rote Fruchtgummibohnen
3 saure Streifen, rot, in 5 mm breite Streifen geschnitten

1 Die Kuchen, falls nötig, mit einem scharfen Messer oben gerade schneiden. Die Buttercreme rosa färben. Die Schablone auf dem Kuchen feststecken, mit einem kleinen, scharfen Messer die Form ausschneiden und anschließend die Krone mit etwas Buttercreme auf die Kuchenplatte kleben.

2 Die rosa Buttercreme auf dem Kuchen und oben auf den Muffins verteilen. Wie im Bild die Muffins über den Kuchen legen.

3 Die Krone mit den Fruchtgummis und den bunten Schokocrispies dekorieren. Die Fruchtgummibohnen und die restlichen Fruchtgummis im Mosaik auf die Muffins legen. Mit den sauren Streifen die Krone umrahmen und das Kopfband abteilen.

TIPP: Für dieses Rezept benötigen Sie zwei Portionen Vanillebutterkuchen. Geben Sie in jede der 80 ml großen, gefetteten Muffinsform jeweils 60 ml des Teiges und backen Sie die Muffins 20–25 Minuten. Füllen Sie den restlichen Teig in eine rechteckige Backform und backen Sie sie 50–55 Minuten.

Sie brauchen eine runde Kuchenplatte mit 40 cm Durchmesser.

Dekorieren Sie die Platte mit einer Zuckerperlenkette.

★ Schmetterling

Dekorationszeit: 1 Stunde und 15 Minuten

2 rechteckige Vanillebutterkuchen, 20 x 30 cm (Rezept → 142)
2 Portionen Vanillebuttercreme (Rezept → 145)
Lebensmittelfarben: blau, gelb, rosa, orange, grün
Schablone: Schmetterling (→ Schablonenbogen)
Bunte Streusel
4 runde Fruchtdragees, gelb, halbiert
28 kleine bunte Zuckerbonbons
4 runde Bonbons, rosa
2 runde Bonbons, lila
Schwarze Lakritze, Länge: 10 cm

1 Die Oberseite der Kuchen mit einem scharfen Messer begradigen. Die Buttercreme auf fünf Schüsseln aufteilen, dabei in zwei etwas mehr einfüllen. In die beiden Schüsseln mit etwas mehr Creme jeweils blaue und gelbe Farbe geben und umrühren. Die drei anderen Cremes rosa, orange und grün färben.

2 Die Kuchen nebeneinander auf die Arbeitsfläche legen, die Schablone mit Zahnstochern darauf fixieren und die Formen des Schmetterlings mit einem kleinen, scharfen Messer ausschneiden. Die Abtrennungen auf den Flügeln der Abbildung links entsprechend mit einem scharfen Messer markieren.

3 Den Körper des Schmetterlings mit oranger Buttercreme bestreichen, mit bunten Zuckerstreuseln überstreuen und zur Seite legen.

4 Die restliche orange Creme in einen Einweg-Spritzbeutel geben und die Spitze abschneiden. Wie auf der Abbildung links die Creme in Schlangenlinien auf einen Teil der beiden Flügel spritzen. Mit den anderen Farben auf dieselbe Weise verfahren bis die Flügel komplett bedeckt sind. Mit einer Backspachtel die Seiten der Flügel mit der entsprechenden bunten Buttercreme bestreichen.

5 Die Flügel wie auf der Abbildung links mit den Süßigkeiten dekorieren. Die Flügel und den Körper des Schmetterlings auf die Kuchenplatte legen und zusammensetzen. Die Lakritze in zwei dünne Streifen schneiden und als Fühler an den Körper legen.

Sie brauchen eine quadratische Kuchenplatte, 40 x 40 cm.

Dekorieren Sie die Platte mit Papierblumen.

Gretel

Dekorationszeit: 1 Stunde und 25 Minuten

1 ovalen Vanillebutterkuchen, 18 x 23 cm (Rezept → 142)
1 Portion Vanillebuttercreme (Rezept → 145)
375 g weißer Fondant
Lebensmittelfarben: rosa, gelb, schwarz
Puderzucker, gesiebt
Schablone: Gretel (→ Schablonenbogen)
2 gestreifte Bänder, je 40 cm, als Schleife

Sie brauchen eine ovale Kuchenplatte, 25 x 30 cm.

1 Den Kuchen oben gerade schneiden und auf die Kuchenplatte legen.

2 Für die Haut die Buttercreme rosa färben. Den Kuchen oben und seitlich damit bestreichen. Etwas Buttercreme für das Ankleben der Schleifen aufbewahren.

3 250 g des Fondants gelb färben. Auf einer mit Puderzucker bestreuten Arbeitsfläche durchkneten und 3 mm dünn ausrollen. Die Schablone für das Haar darauflegen und eine Haarhälfte ausschneiden. Die Schablone umdrehen und die andere Hälfte ausschneiden. Auf beiden Hälften mit dem Ende eines Malpinsels die Haarstruktur andeuten. Für die Zöpfe den restlichen Fondant in sechs gleiche Stücke teilen und zu 18 cm langen Würsten ausrollen. Mit jeweils drei einen Zopf flechten. Die Haarhälften wie auf der Abbildung rechts auf den Kuchen legen und die Zöpfe mit etwas Wasser ankleben.

4 Für die Augen 40 g des restlichen weißen Fondants auf der Arbeitsfläche 3 mm dünn ausrollen und zwei ovale Stücke von etwa 4 cm Durchmesser ausschneiden. Um die Pupillen zu formen, 20 g des weißen Fondants mit der schwarzen Speisefarbe einfärben und auf der Arbeitsfläche weich kneten, 3 mm dünn ausrollen und zwei Kreise im Durchmesser von 1 cm ausstechen. Die Augen und Pupillen wie auf der Abbildung rechts auf dem Kuchen positionieren und mit etwas Wasser festkleben.

5 Den Rest des Fondants rosa einfärben und auf der mit Puderzucker bestäubten Arbeitsfläche weich kneten. Für die Nase 15 g des Fondants zu einer Kugel rollen und mit etwas Wasser auf dem Gesicht fixieren. Für die Wangen eine Hälfte des verbleibenden rosa Fondants 3mm dünn ausrollen und zwei Kreise im Durchmesser von 3 cm ausstechen. Mit etwas Wasser auf den Kuchen kleben.

6 Aus der anderen Hälfte des Fondants eine etwa 11 cm lange Wurst rollen und mit etwas Wasser als Mund auf dem Kuchen festkleben. An den Zopfenden jeweils eine Schleife mit etwas Buttercreme befestigen.

★ Feengarten

Dekorationszeit: 1 Stunde und 15 Minuten

1 Vanillebutterkuchen, 8 x 20 cm, Nut-roll (→ 146; Rezept → 142, → Tipp)
Runder Vanillebutterkuchen, 22 cm Durchmesser (Rezept → 142, → Tipp)
1 Portion Vanillebuttercreme (Rezept → 145)
2 EL ungesüßten Kakao, gesiebt
Lebensmittelfarbe: grün
350 g gezuckerte Fruchtgummis in Blattform, grün, längs halbiert
9 rechteckige Bonbons, weiß
8 kleine, flache Lutscher
4 Feen-Püppchen
1 rote Schokolinse

1 Bei Bedarf die Kuchen oben flach schneiden. In einer kleinen Schüssel 120 ml Vanillebuttercreme mit Kakao verrühren. Die restliche Buttercreme grün färben.

2 Den runden Kuchen in die Mitte der Kuchenplatte legen. Die Nut-roll-Backform senkrecht stehend am Rand des Kuchens positionieren und mit drei Holzspießchen fixieren. Vor dem Servieren die Spießchen entfernen.

3 Die grüne Buttercreme auf dem runden Kuchen verteilen. Den anderen Kuchen mit brauner Creme bestreichen. Die Creme mit einer Backspachtel etwas aufrauen, um damit die Baumrinde anzudeuten.

4 Den Kuchen wie auf der Abbildung links mit den halbierten Fruchtgummis, den rechteckigen Bonbons, den Lutschern und Feen dekorieren. Das Stäbchen eines Lutschers entfernen und wegwerfen. Den oberen Teil als Tür an den Baum kleben. Darauf mit etwas Buttercreme die rote Schokolinse als Türknauf kleben.

TIPP: Für dieses Rezept sind zwei Portionen des Vanillebutterkuchens nötig. Löffeln Sie ein Viertel der doppelten Portion in eine Nut-roll-Backform (→ 146) und backen Sie es 70 Minuten. Füllen Sie die restliche Teigmenge in eine runde Backform im Durchmesser von 22 cm und backen Sie den Kuchen 1 Stunde im Backofen.

Sie brauchen eine runde Kuchenplatte mit 30 cm Durchmesser.

Glamouröses Täschchen

Dekorationszeit: 1 Stunde und 25 Minuten

2 große Kastenformen Vanillebutterkuchen, 9 x 19 cm (Rezept → 142)
1 ½ Portionen Vanillebuttercreme (Rezept → 145)
Lebensmittelfarbe: rosa
7 Zuckerstangen, rosa
44 dragierte Fruchtbonbons
2 dreieckige, gezuckerte Fruchtgummis, gelb
14 Zuckerblumen (→ Tipp)
Rote Lakritzstange, Länge 30 cm

Sie brauchen eine quadratische Kuchenplatte, 22 x 22 cm.

1 Die Oberfläche des Kuchens mit einem scharfen Messer eben schneiden. Die Buttercreme rosa einfärben.

2 Die Kuchen horizontal halbieren und auf der Kuchenplatte mit Buttercreme aufeinander kleben. Mit einem gezackten Messer die Kuchen oben und an den Seiten zu einer Handtaschenform zurechtschneiden.

3 Die rosa Buttercreme auf dem Kuchen verteilen. Die Handtasche wie abgebildet mit den Süßigkeiten dekorieren.

4 Die Lakritzstange oben als Henkel in die Handtasche stecken. Mit einer Gabel an den Kanten die Nähte andeuten.

TIPP: Zuckerblumen sind kleine Blumen aus Puderzucker. Sie sind gewöhnlich in der Backabteilung jedes Supermarktes erhältlich.

★ Geburtstagskuchen

Dekorationszeit: 1 Stunde und 15 Minuten

2 runde, saftige Schokoladenkuchen mit jeweils 25 cm Durchmesser (Rezept → 144)
1 Portion dunkle Schokoladen-Ganache *(Pariser Creme;* **Rezept → 149)**
1,5 kg weißer Fondant
Lebensmittelfarben: gelb, rosa, blau, orange, grün
Puderzucker, gesiebt

1 Die Kuchen gegebenenfalls oben herum gerade schneiden. Die Ganache in eine mittelgroße Schüssel geben und etwa 30 Sekunden schlagen, bis sie weich und luftig ist. Einen Kuchen mit der Oberseite nach unten mit etwas Ganache auf die Platte kleben. Eine dünne Schicht Ganache über den Kuchen verteilen und den zweiten Kuchen ebenfalls andersherum darauflegen. Die restliche Ganache über den kompletten Kuchen verteilen. Die Oberfläche mit einer Backspachtel glatt streichen und kalt stellen, bis die Creme hart ist.

2 Den Fondant wie folgt färben: 100 g gelb, 100 g rosa, 100 g blau und 100 g orange. Den restlichen Fondant grün färben. Alle Fondant-Anteile einzeln auf einer mit Puderzucker bestäubten Arbeitsfläche weich kneten.

Sie brauchen eine runde Kuchenplatte mit 30 cm Durchmesser.

Bevor Sie den Fondant mit Ihrer Handfläche glatt streichen, entfernen Sie eventuelle Luftblasen unter dem Fondant, indem Sie mit einer Nadel in ihn hineinstechen.

3 Den gelben, rosaroten, blauen und orangen Fondant separat auf der Arbeitsfläche 5 mm dünn ausrollen. Mit verschieden großen runden Formen (→ Tipp) unterschiedliche Punkte aus jedem Fondant ausstechen. Die Punkte auf ein Tablett legen und mit Frischhaltefolie abdecken, damit sie nicht austrocknen. Die Fondantreste sammeln und für die Bälle zur Seite legen.

4 Den grünen Fondant auf der Arbeitsfläche 1,5 cm dick und rund ausrollen. Mit einem Pinsel und ein bisschen Wasser die ausgestochenen Farbpunkte abwechselnd auf den grünen Fondant legen. Anschließend den Fondant weiter ausrollen, bis er 5 mm dünn ist und die Punkte flach sind. Mit Hilfe einer Teigrolle den Fondant vorsichtig auf den Kuchen legen. Mit warmen, trockenen Händen den Fondant über die Kante auf den Rand streichen. Am Boden des Kuchens überstehende Reste abschneiden und mit der Handfläche nochmals den Kuchen glatt streichen.

5 Aus den bunten Fondantresten mit den Händen unterschiedlich große Bälle rollen. Mit einem Pinsel und etwas Wasser am unteren Rand des Kuchens befestigen.

TIPP: Für den Kuchen auf der Abbildung links wurden Ausstechformen mit 3, 4 und 5 cm Durchmesser verwendet.

★ Märchenschloss

Dekorationszeit: 1 Stunde und 10 Minuten

2 quadratische Vanillebutterkuchen, je 25 x 25 cm (Rezept → 142)
2 runde Vanillebutterkuchen mit jeweils 20 cm Durchmesser (Rezept → 142)
3 Portionen Vanillebuttercreme (Rezept → 145)
Lebensmittelfarbe: grün, rosa
100 g kleine rosarote und weiße Marshmallows
2 x 15 g weiße Schokolade
10 rote Mini-Schokolinsen
4 Rechtecke aus rosa Karton, jeweils 12 x 20 cm
4 Kreise aus rosa Glitzerkarton mit jeweils 15 cm Durchmesser
4 Papierfähnchen auf Zahnstochern
6 Rechtecke aus rosafarbenen Glitzerkarton, 6,25 x 55 cm
4 gemusterte Klebebänder, je 4 cm lang

1 Mit einem scharfen Messer alle Kuchen oben gerade schneiden. Von den eckigen Kuchen die Ecken abschneiden, um eine achteckige Form zu erhalten.

2 60 ml der Buttercreme grün färben. Die restliche Creme rosa einfärben und davon 60 ml zu Seite stellen.

3 Die achteckigen Kuchen mit etwas rosaroter Buttercreme aufeinander und in die Mitte der Kuchenplatte kleben. Den Kuchen oben und an den Seiten mit der rosaroten Creme bestreichen. Die beiden runden Kuchen ebenfalls mit etwas Buttercreme aufeinander kleben und auf die achteckigen Kuchen setzen. Danach die rosarote Creme oben und seitlich auf dem runden Kuchen verteilen.

4 Mit einem Spritzbeutel und einer 5 mm Durchmesser großen Rundtülle die zur Seite gestellte Buttercreme als Punkte auf die oberen Kanten der Kuchen spritzen und anschließend den Kuchen wie auf der Abbildung rechts mit den Mini-Marshmallows dekorieren.

5 Für die Türen die weiße Schokolade am Kuchen anbringen. Mit etwas Buttercreme zwei rote Schokolinsen als Türknauf daran befestigen. Mit einem Spritzbeutel und einer runden Tülle mit 2 mm Durchmesser die grüne Buttercreme als Blumenranken an die Schlosswände spritzen. Die kleinen Schokolinsen als Blumen an die Ranken kleben.

6 Für die Türme aus den Rechtecken des rosaroten Kartons vier Zylinder bilden, mit Klebeband festkleben und an die Ecken des Schlosses setzen. Für die Turmspitzen die Kreise aus Glitzerkarton bis zur Mitte einschneiden, zusammenrollen, mit Klebeband festkleben, auf die Türme setzen und in die Spitze die Fähnchen stecken. An jedem Turm ein Stück gemustertes Klebeband als Fenster aufkleben. Mit einer Schere aus dem rechteckigen Glitzerkarton einen Befestigungsring ausschneiden, die Enden zusammenheften und auf den Kuchen setzen.

Sie brauchen eine quadratische Kuchenplatte, 40 x 40 cm.

★ Meerjungfrau

Dekorationszeit: 1 Stunde und 30 Minuten

Vanillebutterkuchen, 2,5 l, in Dolly-varden-Backform (→ 146; Rezept → 142, → Tipps)
18 Vanillemuffins in Aluförmchen, je 40 ml (→ Tipps)
1 ½ Portionen Vanillebuttercreme (Rezept → 145)
Lebensmittelfarbe: gelb, blau
1 EL gemahlene Mandeln (→ Tipps)
Große Puppe (ohne Beine), 28 cm
6 runde, gezuckerte Fruchtgummis, grün und gelb
1 gezuckerter Fruchtgummi in Blattform, längs halbiert, grün
3 saure Fruchtstreifen, grün

1 Die Kuchen gegebenenfalls oben flach schneiden. 80 ml der Buttercreme gelb einfärben. 60 ml der ungefärbten Creme später für die Wellen zur Seite stellen. Die restliche Creme blau färben.

2 Den großen Kuchen mit der flachen Seite nach unten mit etwas blauer Buttercreme in die Mitte der Kuchenplatte kleben. Mit einem Teelöffel an der Spitze des Kuchens ein Loch aushöhlen und den Oberkörper der Puppe hineinstecken.

3 Die blaue Buttercreme überall auf dem großen Kuchen und oben auf den Muffins verteilen. Mit der ungefärbten Buttercreme die Wellen mit einer Backspachtel in runden Bewegungen auf die blaue Creme oben auf den Muffins und am unteren Teil des großen Kuchens auftragen.

4 Die gelbe Vanillecreme um den Kuchen herum auf die Platte streichen und als Sand die gemahlenen Mandeln darüber streuen (→ Tipps). Den Puppenkörper vorsichtig bis zur Hüfte in den Kuchen drücken.

5 Mit einem scharfen Messer die runden Fruchtgummis quer durchschneiden und dann nochmals halbieren, um Halbkreise zu erhalten. Die Fruchtgummis – wie auf der Abbildung links – vorn auf dem Kuchen in Form der Meerjungfrauen-Flosse anordnen. An sein Ende zwei grüne, blattförmige Fruchtgummis legen.

6 Die grünen, sauren Streifen halbieren, in dünnere Streifen schneiden, etwas biegen und als Seegras am unteren Teil des Kuchens ankleben. Die Muffins mit den Förmchen um den Kuchen herum verteilen.

TIPPS: Bei diesem Rezept benötigen Sie drei Portionen Vanillebutterkuchen. Geben Sie einen gestrichenen EL des Teiges jeweils in 18 gefettete Aluförmchen von 40 ml Größe und backen Sie diese etwa 10–15 Minuten. Füllen Sie den restlichen Teig in eine Dolly-varden-Backform (→ 146) und backen Sie den Kuchen 75 Minuten.
Falls ein Gast gegen Mandeln allergisch ist, können Sie statt der Mandeln auch gefärbten Zucker auf die Platte streuen.

Sie brauchen eine runde Kuchenplatte mit 30 cm Durchmesser.

Fantasie & Abenteuer

★ Verrückter Clown

Dekorationszeit: 1 Stunde und 30 Minuten

1 runder Vanillebutterkuchen mit 20 cm Durchmesser (Rezept → 142, → Tipp)
1 quadratischer Vanillebutterkuchen, 23 x 23 cm (Rezept → 142, → Tipp)
1 Vanillemuffin, 40 ml (→ Tipp)
2 Portionen Vanillebuttercreme (Rezept → 145)
Lebensmittelfarbe: rot, gelb, grün, rosa
Schablone: Verrückter Clown (→ Schablonenbogen)
Zuckerschrift: rot, schwarz
4 Marshmallows
1 gelbe Zuckerstange
2 rosarote Zuckerstangen
10 bunte Schokolinsen
Zuckerwatte

Sie brauchen eine runde Kuchenplatte mit 30 cm Durchmesser.

1 Die beiden Kuchen oben, falls nötig, gerade schneiden. 1 EL der Buttercreme für später zur Seite legen. 2 EL der Creme rot färben. Anschließend 120 ml der restlichen Buttercreme gelb färben. Den Rest der Creme in zwei gleiche Hälften teilen. Eine Hälfte grün und die andere hellrosa einfärben.

2 Für die Nase den Vanillemuffin zu einer Halbkugel zurechtschneiden, mit der Hälfte der roten Creme bestreichen, in Frischhaltefolie wickeln und in das Gefrierfach legen, bis die Creme hart ist. Dann herausnehmen und die restliche rote Creme darauf verteilen. Fest in Frischhaltefolie einrollen, damit die Oberfläche glatt wird, und nochmals im Gefrierfach fest werden lassen. Anschließend herausnehmen und sofort aus der Folie wickeln und zur Seite legen.

3 Währenddessen vom runden Kuchen mit einem gezackten Messer oben ein 3 cm großes Stück abschneiden, um dadurch eine gerade Fläche für den Hut zu schaffen. Die rosa Creme oben und seitlich auf dem runden Kuchen verteilen.

4 Für den Hut und die Halskrempe die Schablonen mit Zahnstochern auf dem eckigen Kuchen fixieren und mit einem kleinen, scharfen Messer ausschneiden. Das Dreieck (stellt den Hut dar) mit grüner Buttercreme bestreichen. Mit einer Backspachtel oder einem Messer Streifen in die Creme zeichnen. Den Hut auf den Kopf setzen, die gelbe Buttercreme auf die Halskrempe streichen und diese unten an den Kopf legen.

5 Die beiseitegelegte ungefärbte Buttercreme vorsichtig in gebogener Form als Mund auf den Kuchen auftragen. Mit roter Zuckerschrift entsprechend der Abbildung rechts die Lippen und den Mund umrahmen. Mit der schwarzen Zuckerschrift Augen und Augenbrauen aufmalen. Den Hut mit Marshmallows und einer gelben Zuckerstange dekorieren. Die Halskrause mit den Schokolinsen und der rosa Zuckerstange belegen. Die Nase in die Mitte des Gesichts legen und die Zuckerwatte als Haare an den Seiten ankleben.

TIPP: Sie benötigen zwei Portionen des Vanillebutterkuchenrezeptes. Geben Sie 1 ½ EL des Teiges in eine 40 ml große, gefettete Muffinbackform und backen Sie den Muffin etwa 10–15 Minuten. Füllen Sie den restlichen Teig zu gleichen Teilen in die eckige und die runde Backform. Backen Sie den runden Kuchen 45–50 Minuten und den eckigen Kuchen etwa 70 Minuten.

★ Schoko-Knusper-Kuchen

Dekorationszeit: 1 Stunde und 10 Minuten

60 g Frühstücks-Knusperreis
40 g Kokosnussraspel
200 g Milchschokoladenplättchen, geschmolzen
Bunte Streusel
2 runde Vanillebutterkuchen, 22 x 22 cm (Rezept → 142, → Tipp)
1 Portion Vanillebuttercreme (Rezept → 145)
Lebensmittelfarbe: rosa
Backpapier, 7,5 x 120 cm
Weiß und rosa gestreiftes Papier, 7,5 x 120 cm

1 Den Knusperreis und die Kokosnussraspel in eine große Schüssel geben. Die geschmolzenen Schokoladenplättchen hineingeben und gut verrühren. Mit einem Esslöffel kleine Portionen der Mischung auf ein mit Backpapier ausgelegtes Tablett legen und zu kleinen Hügeln formen. Mit den bunten Streuseln bestreuen und 20 Minuten zur Seite stellen.

2 Währenddessen mit einem scharfen Messer die Kuchen begradigen. Die Buttercreme rosa einfärben und die beiden Kuchen mit etwas Creme aufeinanderkleben. Mit einem gezackten Messer die Seiten des Kuchens leicht schräg anschneiden, damit er die Form eines Riesenmuffins erhält.

3 Die restliche Buttercreme auf dem ganzen Kuchen verteilen. Die Schokohügel auf den Kuchen setzen.

4 Das Backpapier auf das gestreifte Papier legen. Das Papier in 2 cm breiten Abständen wie einen Fächer falten. Danach mit der Backpapierseite nach innen um den Kuchen herumlegen und mit Klebeband zusammenkleben, um eine Muffinpapierform nachzustellen. Mit Kerzen dekorieren.

TIPP: Für dieses Rezept sind zwei Portionen des Vanillebutterkuchens erforderlich. Den Teig auf die zwei runden Backformen verteilen und jeweils 45–50 Minuten backen.

Sie brauchen eine runde Kuchenplatte mit einem Durchmesser von 30 cm.

★ Schatzkiste

Dekorationszeit: 1 Stunde und 20 Minuten

- **3 Kastenformen Vanillebutterkuchen, je 9 x 19 cm (Rezept → 142)**
- **2 Portionen Schokoladenbuttercreme (Rezept → 145)**
- **5 Schokoladentaler in Goldfolie, je 80 g**
- **58 Schokoladenknusperstäbchen**
- **4 runde, gezuckerte Fruchtgummis, grün, längs halbiert**
- **4 runde, gezuckerte Fruchtgummis, rot, längs halbiert**

1 Die Kuchen eventuell mit einem scharfen Messer oben gerade schneiden. Den ersten Kuchen auf die Kuchenplatte legen. Aus der Mitte des zweiten Kuchens ein 15 x 5 cm großes und 3 cm hohes Rechteck ausschneiden. Dabei einen 2 cm breiten Rand lassen. Den Rand auf den ersten Kuchen legen, um das Truheninnere zu formen (→ Abbildung 1).

2 Für den Deckel den dritten Kuchen auflegen und so zurechtschneiden, dass er genau auf die anderen Kuchen passt (→ Abbildung 2). Danach wieder abnehmen.

3 Den unteren Teil der Truhe auf der Seite und oben mit Schokoladencreme bestreichen. Ebenso den Deckel mit Creme überziehen. Die Truhe mit den Goldtalern füllen und den Deckel auf den Kuchen setzen.

4 Die Truhe und den Deckel wie auf der Abbildung rechts mit den Schokoladenknusperstäbchen belegen und mit den Fruchtgummis als Juwelen dekorieren.

Sie brauchen eine runde Kuchenplatte mit einem Durchmesser von 25 cm.

1 *Für das Truheninnere ein Rechteck aus der Kuchenmitte schneiden.*

2 *Vor dem Auftragen der Buttercreme Größe und Deckelposition prüfen.*

★ Gefährlicher Pirat

Dekorationszeit: 1 Stunde und 30 Minuten

1 ovaler Vanillebutterkuchen, 18 x 23 cm (Rezept → 142)
1 Portion Vanillebuttercreme (Rezept → 145)
800 g weißer Fondant
Lebensmittelfarben: rosa, rot, gelb, schwarz, braun
Puderzucker, gesiebt
Schablone: Gefährlicher Pirat (→ Schablonenbogen)
Schwarze Lakritze, 25 cm

Sie brauchen eine ovale Kuchenplatte, 23 x 38 cm.

1 Falls nötig, den Kuchen oben herum mit einem scharfen Messer gerade schneiden. Den Kuchen auf die Kuchenplatte legen und komplett mit Buttercreme bestreichen.

2 Für die Haut des Piraten 440 g des Fondants hellrosa färben. Den hautfarbenen Fondant auf der mit Puderzucker bestäubten Arbeitsfläche weich kneten und 5 mm dünn ausrollen. Der Fondant sollte groß genug sein, um den gesamten Kuchen zu bedecken. Mit einer Teigrolle vorsichtig hochheben und auf den Kuchen legen. Mit trockenen, warmen Händen den Fondant sanft über dem Kuchen glatt streichen. Überstehenden Fondant abschneiden, zu einer Kugel rollen und für die Nase zur Seite legen.

3 Für das Kopftuch 140 g Fondant mit der roten Lebensmittelfarbe einfärben und auf der mit Puderzucker bestäubten Arbeitsfläche weich kneten. 5 mm dünn ausrollen. 60 g des restlichen Fondants gelb einfärben. Kleine Portionen davon zu Kugeln rollen und flach drücken. Mit etwas Wasser auf dem roten Fondant verteilt aufkleben. Mit der Teigrolle vorsichtig darüber rollen, damit die gelben Punkte gut festkleben und mit dem roten Fondant eine Ebene ergeben. Danach den Kuchen entsprechend der Abbildung links als Kopftuch mit etwas Wasser befestigen. Zurechtschneiden, die Schnittreste zu einem Knoten formen und an das Kopftuch legen.

4 Für das Auge 40 g des weißen Fondants auf der mit Puderzucker bestäubten Arbeitsfläche 3 mm dünn ausrollen und ein 4 cm großes ovales Stück ausstechen. Ebenso zwei weiße Zähne ausschneiden.

5 80 g des verbliebenen Fondants schwarz färben, auf der mit Puderzucker bestäubten Arbeitsfläche 3 mm dünn ausrollen und einen Kreis mit etwa 1 cm Durchmesser als Pupille ausstechen. Mit der Schablone den Mund und die Augenklappe aus dem schwarzen Fondant ausschneiden.

6 Das weiße Auge wie auf der Abbildung links mit etwas Wasser auf dem Kuchen fixieren. Darauf die Pupille festkleben. Danach mit etwas Wasser den Mund, die Zähne, die Augenklappe und die Nase ankleben. Die Lakritze in einen dünnen Streifen schneiden und als Augenklappenband um den Kopf legen.

7 Für die Haarsträhnen den restlichen Fondant braun färben und zu Tropfen formen. Mit etwas Wasser am Kopf festkleben. Mit einem feinen Pinsel und schwarzer Lebensmittelfarbe kleine Punkte als Stoppelbart auf das Gesicht malen.

Yo-ho-ho!

★ Riesiges Tortenstück

Dekorationszeit: 1 Stunde und 30 Minuten

2 quadratische Schokoladenkuchen, 25 x 25 cm (Rezept → 144)
Schablone: Riesiges Tortenstück (→ Schablonenbogen)
1 ½ Portionen dunkle Schokoladen-Ganache (Rezept → 149)
1 Portion Vanillebuttercreme (Rezept → 145)
Lebensmittelfarben: rosa, gelb, blau, rot
½ Portion Vanillezuckerguss (Rezept → 148)
100 g weißer Fondant
2 EL bunte Schokocrispies

Sie brauchen eine runde Kuchenplatte mit 30 cm Durchmesser.

1 Die Kuchen gegebenenfalls oben mit einem scharfen Messer begradigen. Die Schablone auf eine Hälfte der beiden Kuchen legen und mit einem scharfen Messer ein Tortenstück ausschneiden. Dann die Schablone auf die andere Hälfte legen und ein zweites Tortenstück herausschneiden. Anschließend ein drittes Tortenstück aus dem zweiten Kuchen schneiden.

2 Die Ganache in eine mittelgroße Schüssel geben und 30 Sekunden – bzw. bis sie luftig und weich ist – schlagen. Die erste Schicht des Tortenstücks mit etwas Ganache auf die Kuchenplatte kleben, oben dünn mit etwas Ganache bestreichen und die zweite Schicht darauf setzen. Dann auf die zuletzt aufgelegte Schicht etwas mehr Ganache aufstreichen und die dritte Schicht daraufkleben. Die restliche Ganache oben und an den Seiten der Torte verteilen und mit einer Backspachtel oder einem Spachtelmesser glatt streichen. 30 Minuten, bzw. bis die Ganache fest ist, kalt stellen.

3 ¾ der Buttercreme rosa färben. Die restliche Buttercreme gelb färben. Für die Tortenfüllung jeweils 2 EL der beiden Buttercremes für später zur Seite legen, dabei die 2 EL rosa Buttercreme rot färben. Den Zuckerguss mit der blauen Lebensmittelfarbe zum gewünschten Farbton einfärben. Mit Frischhaltefolie abdecken, damit sich keine Haut darauf bildet.

4 Den oberen Teil des Tortenstückes und den Tortenrücken mit rosa Buttercreme bestreichen. Mit einem Spritzbeutel und einer 1 cm großen, flachen Tülle die gelbe Buttercreme im Muschelmuster am unteren Ende des Tortenrückens aufspritzen. Anschließend für die Tortenfüllung mit einer 5 mm großen flachen Tülle auf beiden Seiten des Tortenstückes in der Mitte die reservierte gelbe und rote Buttercreme in Linien aufspritzen.

5 Für die Kerze 80 g des Fondants blau färben und mit den Händen zu einer Kerze von 10 cm Länge und 2 cm Durchmesser ausrollen. Durch die Kerze einen 15 cm langen Holzspieß stechen. Den restlichen Fondant zu einer Hälfte rot und zur anderen Hälfte gelb färben. Die beiden Hälften miteinander ausrollen, zu einer Flamme formen und oben als Kerzenflamme auf die Spitze des Holzspießes stecken. Zur Seite legen und trocknen lassen.

6 Für den Tortenbelag den blauen Zuckerguss langsam über das Tortenstück gießen und mit einem Esslöffel über die Kanten ziehen, damit der Guss etwas über die Seiten hinunterläuft. Die Kerze auf den Kuchen stecken und bunte Schokocrispies darüber streuen.

Gänseblümchenkuchen

Dekorationszeit: 1 Stunde und 10 Minuten
plus Zeit zum Trocknen, eventuell über Nacht

2 runde Vanillebutterkuchen, 30 cm Durchmesser (Rezept → 142)
3 Portionen Vanillebuttercreme (Rezept → 145)
Lebensmittelfarbe: gelb
250 g weißer Fondant
Puderzucker, gesiebt
200 g Zitronencreme (Lemon Curd)
250 ml Schlagsahne, steif geschlagen

1 Die Kuchen gegebenenfalls oben gerade schneiden. Die Buttercreme gelb färben.

2 Den Fondant auf der mit Puderzucker bestäubten Arbeitsfläche weich kneten und 2 mm dünn ausrollen. Mit einer 4 cm großen Blütenform 20 Blumen, mit einer 3 cm großen Form 30 Blumen und mit einer 2 cm großen Form 50 Blumen ausstechen. Zum Formen die Blumen in der Handfläche vorsichtig in der Mitte eindrücken und die Blütenblätter nach außen drücken. Zur Seite legen und über Nacht trocknen lassen.

3 Für die Dekoration einen Kuchen auf die Kuchenplatte legen. Zuerst die Zitronencreme und dann die Schlagsahne auftragen und den zweiten Kuchen umgedreht daraufsetzen. Den Kuchen oben und seitlich mit $\frac{2}{3}$ der gelben Buttercreme bestreichen.

4 Etwa $\frac{2}{3}$ der unterschiedlich großen Blumen gemäß Abbildung rechts in Herzform auf den Kuchen legen. Die restlichen Blumen seitlich anbringen. Mit einem Spritzbeutel und einer runden Tülle mit 2 mm Durchmesser in die Mitte jeder Blume einen Tropfen der gelben Buttercreme spritzen.

TIPP: *Lemon Curd* ist ein vorwiegend in England üblicher Brotaufstrich, der in gut sortierten Supermärkten erhältlich ist.

Sie brauchen eine runde Kuchenplatte mit 40 cm Durchmesser.

★ Buchstabenkuchen

Dekorationszeit: 1 Stunde und 20 Minuten

36 Vanillemuffins, je 80 ml (Rezept → 142, → Tipp)
320 g Himbeermarmelade, erwärmt und gefiltert
1 kg weißer Fondant
Puderzucker, gesiebt
Lebensmittelfarben: rot, orange, gelb, blau
20 g weißer Fondant, extra
1 schwarzer Lakritzstreifen, 4 cm, in Drittel längs geschnitten
1 saurer bunter Fruchtstreifen
1 Fruchtgummi in Traubenform
2 Schaumgummis in Eisform
1 Schaumgummi in Tierform
1 Muschelpraline
Kleine Schokolinsen, 2 x 35 g
1 Schmetterling und 1 Herz (Tortendekoration)
3 Zuckerblumen
1 Krone (Tortendekoration)
1 bunter Eisschirm

1 Die Muffins, falls notwendig, oben flach schneiden. Mit einem Pinsel auf alle eine dünne Schicht Marmelade auftragen.

2 1 kg Fondant auf einer mit Puderzucker bestäubten Arbeitsfläche weich kneten und in vier Portionen teilen. Die Portionen rot, orange, gelb und blau färben.

3 Den roten Fondant auf der Arbeitsfläche 3 mm dünn ausrollen. Mit einer runden Form mit 6 cm Durchmesser 12 Kreise ausstechen und auf 12 Muffins legen. Auf die gleiche Weise mit den andersfarbigen Fondants verfahren. Anschließend die Kuchen gemäß der Abbildung rechts auf die Kuchenplatte legen.

4 Für den Zebrastreifen 20 g Fondant auf der Arbeitsfläche 5 mm dünn ausrollen. Einen 0,5 x 4 cm großen Streifen ausschneiden und den Rest beiseitelegen. Den Muffin für den Buchstaben Z mit etwas Wasser bestreichen, den weißen Fondant und zwei gleich lange Lakritzstangen darauf befestigen.

5 Für die Buchstaben den blauen Fondant auf der Arbeitsfläche 3 mm dünn ausrollen. Mit Ausstechformen die Buchstaben des Alphabets ausschneiden. Die Rückseite der Buch-

Sie brauchen eine runde Kuchenplatte mit 45 cm Durchmesser.

staben mit etwas Wasser bepinseln und auf die Muffins legen.

6 Für den Drachen aus dem Ende des sauren Fruchtstreifens eine Rautenform ausschneiden. Aus einer Farbe des Fruchtstreifens einen dünnen Streifen schneiden, entsprechend der Abbildung nochmals dünne Streifen abschneiden und mit etwas Marmelade als Kreuz auf die Rautenform kleben. Den Drachen auf den Muffin mit dem Buchstaben D legen und einen weiteren dünnen Streifen als Drachenschwanz anlegen.

7 Die Muffins je nach Anfangsbuchstaben mit den restlichen Süßigkeiten belegen.

TIPPS: Die Muffins können statt mit Fondant auch mit Buttercreme belegt werden. Dazu benötigen Sie zwei Portionen der Vanillebuttercreme (Rezept → 145).
Für den Buchstaben S gibt es drei Varianten: Schirm, Schmetterling und Schwein.

★ Geschenkpaket

Dekorationszeit: 1 Stunde und 20 Minuten, plus Kühlzeit

2 rechteckige Schokoladenkuchen, 20 x 30 cm (Rezept → 144)
1 Portion weiche Schokoladen-Ganache (Rezept → 149)
1 kg weißer Fondant
Puderzucker, gesiebt
Lebensmittelfarbe: rosa
Schablone: Schmetterling (im Bastelgeschäft erhältlich)
1,5 m rosa Satinband

Sie brauchen eine quadratische Kuchenplatte, 25 x 25 cm.

1 Mit einem scharfen Messer die Kuchen gegebenenfalls oben und an den Seiten gerade schneiden. Beide Kuchen vertikal in zwei gleiche Hälften schneiden. Die vier rechteckigen Kuchen aufeinander setzen und dabei etwas Ganache zwischen die Kuchen streichen. Die Ecken so abschneiden, dass eine schöne Kistenform entsteht. Die restliche Ganache über den gesamten Kuchen verteilen. Danach 30 Minuten kalt stellen bzw. so lange, bis die Ganache fest geworden ist.

2 Den Fondant auf einer mit Puderzucker bestreuten Arbeitsfläche weich kneten und zu einer 5 mm dünnen, rechteckigen Form ausrollen. Mit einer Teigrolle den Fondant vorsichtig hochheben und über den Kuchen legen. Mit warmen, trockenen Händen den Fondant oben glatt streichen und an den Kanten überlappen lassen. Den Fondant an den Ecken und Seiten glätten und an den kurzen Seiten wie bei einem Geschenk falten. Überstehende Reste am Boden des Kuchens abschneiden und nochmals mit den Handflächen über den gesamten Kuchen entlang streichen, sodass eine ebene Fläche entsteht.

3 Einen Schwamm oder einen kleinen Pinsel in die rosa Lebensmittelfarbe tauchen, die überschüssige Farbe an einem Kuchenpapier abstreichen, die Schmetterlingsschablone vorsichtig an den Kuchen anlegen und mit dem Schwamm bzw. Pinsel die rote Farbe auftupfen. Danach die Schablone vorsichtig abnehmen und so mit dem gesamten Kuchen verfahren. Den Kuchen trocknen lassen.

4 Zwei Stücke des Satinbandes abschneiden und auf den Kuchen legen. Beide Bänder sollten etwas länger als die Seiten des Kuchens sein, damit die Enden der Bänder mit der Spitze eines Messers vorsichtig unter den Kuchen geschoben werden können. Aus dem restlichen Satinband eine Schleife binden, mit doppelseitigem Klebeband in die Mitte und auf die anderen Bänder kleben. Eventuell eine Geschenkkarte dazulegen.

TIPP: Um die Schmetterlinge aufzutupfen, einen weichen Malpinsel mit einem flachen Ende oder ein Stückchen Schwamm (im Bastelgeschäft erhältlich) verwenden. Wählen Sie ein zum Anlass passendes Motiv (Anleitungen für die Tupftechnik finden Sie auf Seite 157).

★ FallSchirmSpringer

Dekorationszeit: 1 Stunde und 15 Minuten

1 runder Vanillebutterkuchen mit 24 cm Durchmesser (Rezept → 142)
Schablone: Fallschirmspringer (→ Schablonenbogen)
1 ½ Portionen Vanillebuttercreme (Rezept → 145)
Lebensmittelfarben: orange, rot, gelb, grün
50 cm schwarzer Lakritzstreifen
5 schwarze Pfeifenputzer
1 kleine Puppe oder 1 kleiner Teddy oder eine Playmobilfigur

1 Mit einem gezackten Messer auf einer Seite den Kuchen so anschneiden, dass er etwas spitzer zuläuft und der Fallschirm dadurch oben runder aussieht. Anschließend die Schablone mit Zahnstochern auf dem Kuchen fixieren und die Fallschirmform mit einem kleinen, scharfen Messer zuschneiden.

2 Die Buttercreme auf vier Schüsseln verteilen, dabei in zwei Schüsseln etwas mehr Creme geben. Die Creme in den Schüsseln jeweils orange, rot, gelb und grün einfärben.

3 Die unterschiedlichen Flächen auf dem Fallschirm mit einem scharfen Messer wie auf der Abbildung rechts auf dem Kuchen markieren. Die unterschiedlich farbigen Cremes auf den Flächen auftragen.

4 Den Lakritzstreifen in lange dünne Streifen schneiden und damit die äußere Form des Fallschirms sowie die Fallschirmflächen umranden. Die Pfeifenputzer als Fallschirmseile anbringen und an ihrem Ende eine kleine Puppe, einen kleinen Teddy oder eine Playmobilfigur als Fallschirmspringer setzen.

Sie brauchen eine ovale Kuchenplatte, 25 x 35 cm.
Den Landeplatz gestalten Sie am besten mit rotem und weißem Filz.

Fabelhaft & Schnell

★ Badenixe

Dekorationszeit: 1 Stunde

1 rechteckiger Vanillebutterkuchen, 26 x 35 cm (Rezept → 142)
1 Portion Vanillebuttercreme (Rezept → 145)
Lebensmittelfarbe: rosa
Schablone: Badenixe (→ Schablonenbogen)
250 g weißer Fondant
Puderzucker, gesiebt
86 rote Mini-Schokolinsen
68 grüne Mini-Schokolinsen
73 blaue Mini-Schokolinsen
66 orange Mini-Schokolinsen

Sie brauchen eine quadratische Kuchenplatte, 45 x 45 cm.

1 Den Kuchen eventuell mit einem scharfen Messer oben gerade schneiden. Die Buttercreme rosa färben. Die Badenixe-Schablone mit Zahnstochern auf dem Kuchen fixieren. Mit einem kleinen, scharfen Messer die Form ausschneiden und Kuchenreste beiseitelegen.

2 Den Kuchen mit etwas Buttercreme auf der Kuchenplatte festmachen. Die restliche Buttercreme auf dem gesamten Kuchen verteilen.

3 Den Fondant auf der mit Puderzucker bestäubten Arbeitsfläche weich kneten und halbieren. Eine Hälfte auf der Arbeitsfläche 5 mm dünn ausrollen. Mit Hilfe der Schablone zwei ovale Formen als Beinausschnitte ausschneiden und wie auf der Abbildung rechts auf den Kuchen legen.

4 Den verbliebenen Fondant auf der Arbeitsfläche zu einem 8 x 40 cm großen Rechteck ausrollen. Daraus jeweils einen 1,5 x 5 cm, zwei 1,5 x 30 cm und einen 2,5 x 40 cm großen Streifen ausschneiden.

5 Den 1,5 x 5 cm großen Streifen gemäß der Abbildung rechts quer auf den oberen Rand des Badeanzuges legen. Danach den 1,5 x 30 cm Streifen an den Achselbereich legen. Die überstehenden Enden zuschneiden und vorsichtig unter den Kuchen schieben. Auf die gleiche Weise mit dem zweiten 1,5 x 30 cm Streifen auf der anderen Seite verfahren. Die beiden langen Fondantstreifen überkreuzen und oberhalb des Badeanzuges legen.

6 Den 2,5 x 40 cm großen Fondantstreifen etwas in Wellen und quer über den Kuchen legen. Mit den bunten Mini-Schokolinsen wie auf der Abbildung rechts die verschiedenfarbigen Reihen auf den Kuchen legen.

★ Süße Wassermelone

Dekorationszeit: 1 Stunde

1 runder Vanillebutterkuchen mit 30 cm Durchmesser (Rezept → 142)
2 Portionen Vanillebuttercreme (Rezept → 145)
Lebensmittelfarben: rosa, rot, grün
24 dunkelbraune Mini-Schokolinsen

1 Mit einem scharfen Messer den Kuchen gegebenenfalls oben gerade schneiden. 360 ml Buttercreme mit roter und rosaroter Farbe mischen. Der gewünschte Farbton sollte dem des Fruchtfleisches einer Wassermelone nahekommen. Für die Schale 180 ml der Buttercreme grün färben. Die restliche Buttercreme ungefärbt lassen.

2 Den Kuchen auf die Kuchenplatte legen und davon gemäß der Abbildung links ein Drittel abschneiden. Die zwei Drittel sollen das große Wassermelonenstück darstellen, welches an seiner breitesten Stelle 16 cm messen sollte. Das andere Drittel des Kuchens zu einem zweiten, kleineren Melonenstück, mit 12 cm an seiner breitesten Stelle, schneiden. Die anderen Kuchenreste beiseitelegen.

3 Die grüne Buttercreme als Schale auf den äußeren Rand der beiden Melonenstücke streichen. Punkte der ungefärbten Buttercreme in einem Abstand von etwa 3 cm voneinander auf die grüne Creme setzen. Die Punkte mit einer Backspachtel in kreisenden Bewegungen in die grüne Creme mischen, bis diese wie die gesprenkelte Haut einer Melone aussieht.

4 Die Buttercreme mit der Wassermelonen-Farbe auf den restlichen Abschnitten des Kuchens auftragen. Die dunkelbraunen Mini-Schokolinsen als Kerne senkrecht in die Wassermelone stecken.

Sie brauchen eine runde Kuchenplatte mit 36 cm Durchmesser.

★ Gelber Drachen

Dekorationszeit: 1 Stunde

1 rechteckiger Vanillebutterkuchen, 26 x 35 cm (Rezept → 142)
2 Portionen Vanillebuttercreme (Rezept → 145)
Schablone: Gelber Drachen (→ Schablonenbogen)
Lebensmittelfarben: gelb, rot, schwarz
100 g weißer Fondant
Puderzucker, gesiebt
1 saurer Fruchtstreifen, blau
Zuckerschrift: schwarz
Weißes Seil, 50 cm x 3 cm
Breite Bänder, rot-, blau-, grüngestreift, jeweils 1 m x 1 cm

1 Die Kuchenoberfläche eventuell mit einem scharfen Messer begradigen. Die Schablone auf den Kuchen legen und mit Zahnstochern fixieren. Mit einem gezackten Messer die Drachenform ausschneiden und die Kuchenreste beiseitelegen. Den Kuchen mit der beschnittenen Seite nach unten auf die Kuchenplatte legen. Die Buttercreme gelb einfärben und oben und seitlich auf den Kuchen auftragen. Mit einer Backspachtel ein Streifenmuster in die Creme zeichnen.

2 Für die Augen 20 g des Fondants auf der mit Puderzucker bestäubten Arbeitsplatte 3 mm dünn ausrollen. Zwei 4 x 3 cm ovale Formen als Augen ausschneiden und zur Seite legen.

3 40 g des restlichen Fondants rot färben und daraus Nase und Zunge formen. Den übrigen Fondant schwarz färben und daraus Mund und Pupillen bilden.

4 Den sauren Fruchtstreifen zurechtschneiden und in Kreuzform auf den Drachen legen. Anschließend die Teile für das Gesicht auf den Kuchen geben und mit etwas Wasser ankleben. Die Mundwinkel und die Augenbrauen mit der schwarzen Zuckerschrift aufmalen. Mit den bunten Bändern eine Schleife um das Seil binden und – wie die Abbildung links zeigt – an das Ende des Drachens legen.

★ Zauberstab

Dekorationszeit: 1 Stunde

1 quadratischer Vanillebutterkuchen, 25 x 25 cm (Rezept → 142)
1 Portion Vanillebuttercreme (Rezept → 145)
Lebensmittelfarbe: rosa
Schablone: Zauberstab (→ Schablonenbogen)
1 Holzstab (Länge: 30 cm, Durchmesser 1 cm)
1 weiß-rosa gestreiftes Band, 1,5 m x 1 cm
53 Schaumgummis, eisförmig, rosarot
35 Schaumgummis, eisförmig, gelb

1 Den Kuchen gegebenenfalls oben mit einem scharfen Messer gerade abschneiden. Die Buttercreme rosa färben. Die Schablone mit Zahnstochern auf dem Kuchen fixieren und den Zauberstab mit einem gezackten Messer ausschneiden. Den Kuchen umgedreht auf die Kuchenplatte legen und mit etwas Buttercreme festkleben. Unten am Kuchen eine Spitze gerade abschneiden, um später den Holzstab hineinstecken zu können. Die Kuchenschnittreste beiseitelegen und den Kuchen an der Seite und oben mit rosa Buttercreme bestreichen.

2 Für den Stiel 1 m des Bandes um den Holzstab wickeln. Das restliche Band zu einer Schleife binden und am oberen Ende des Stabes festbinden. Den Holzstab in den Kuchen stecken.

3 Die rosaroten und gelben Schaumgummis in Sternenform von außen nach innen auf den Kuchen legen (→ Abbildung rechts).

TIPP: Sie können den Kuchen auch mit essbarem silbernen oder rosaroten Glitter bestreuen, den Sie in gut sortierten Handelsgeschäften oder im Internet kaufen können.

Sie brauchen eine runde Kuchenplatte mit einem Durchmesser von 36 cm.

★ Hello Sunshine

Dekorationszeit: 1 Stunde

2 rechteckige Vanillebutterkuchen, 20 x 30 cm (Rezept → 142)
2 Portionen Vanillebuttercreme (Rezept → 145)
Schablone: Hello Sunshine (→ Schablonenbogen)
Lebensmittelfarben: gelb, orange
2 weiße Marshmallows
2 rote Fruchtgummibohnen
Zuckerschrift: schwarz
1 gezuckerter runder Fruchtgummi, rot
1 rote Fruchtgummischlange
2 orange Fruchtgummischlangen
2 bunte Oblaten mit Schleckbrause

1 Eventuell die beiden Kuchen oben mit einem scharfen Messer gerade schneiden. Die Kuchen nebeneinander auf die Arbeitsfläche legen und an den Längsseiten mit etwas Buttercreme zusammenkleben. Die Schablone mit Zahnstochern auf dem Kuchen fixieren. Mit einem kleinen, scharfen Messer die Sonne ausschneiden und auf die Kuchenplatte legen.

2 Die Buttercreme bis zum gewünschten Farbton gelb färben. 120 ml der gelben Buttercreme orange färben. Die gelbe Buttercreme auf dem gesamten Kuchen verteilen und die orange Buttercreme in Streifen auf die Sonnenstrahlen auftragen.

3 Für die Augen auf jedes Marshmallow mit etwas Buttercreme eine rote Fruchtgummibohne kleben und auf die Pupillen mit der schwarzen Zuckerschrift eine schmale Linie aufmalen.

4 Die Köpfe der roten und orangen Fruchtschlangen abschneiden. Die Augen und die anderen Süßigkeiten – wie die Abbildung rechts zeigt – auf den Kuchen legen: Die bunten Oblaten mit Schleckbrause als Wangen, die Fruchtschlangen als Augenbrauen und Mund.

Sie brauchen eine quadratische Kuchenplatte, 40 x 40 cm.

Am unteren Teil des Kuchens den Schatten der Sonne mit bunten Schokocrispies darstellen.

★ Raupe Nimmersatt

Dekorationszeit: 1 Stunde

17 Vanillemuffins in roten Papierförmchen, jeweils 80 ml (Rezept → 142, → Tipp)
1 großer Vanillemuffin, 185 ml (→ Tipp)
2 Portionen Vanillebuttercreme (Rezept → 145)
Lebensmittelfarben: orange, grün
50 g weißer Zucker
7 gezuckerte Fruchtgummis in Blattform, grün, längs halbiert
1 runder, gezuckerter Fruchtgummi, rot
20 cm schwarze Lakritze

1 Die Muffins eventuell mit einem scharfen Messer oben gerade schneiden. 80 ml der Buttercreme orange färben. Die restliche Buttercreme auf zwei Schüsseln aufteilen und eine Creme dunkelgrün, die andere hellgrün färben. Den Zucker zusammen mit ein paar Tropfen der grünen Lebensmittelfarbe in einen verschließbaren Beutel geben. Den Beutel verschließen und den Zucker solange darin reiben, bis er grün wird.

2 Für den Raupenkörper die dunkelgrüne Buttercreme mit einem Spritzbeutel und einer großen Sterntülle auf neun kleine Muffins spritzen. Danach mit einem sauberen Spritzbeutel und mit der großen Sterntülle die hellgrüne Creme auf die restlichen kleinen Muffins auftragen.

3 Für den Kopf den großen Muffin mit der orangen Buttercreme bestreichen und anschließend auf die Kuchenplatte setzen. Als Körper die grünen Muffins der Reihe nach – wie auf der Abbildung unten – auf die Platte legen. Den grünen Zucker über eine Hälfte der Muffins streuen. Die andere Hälfte mit den halbierten Fruchtgummiblättern dekorieren.

4 Für das Gesicht den halbierten roten Fruchtgummi als Augen auf den orangen Muffin legen (→ Abbildung unten). Von der Lakritze einen Streifen für den Mund schneiden. Zwei 3 cm lange Lakritzstreifen als Fühler und 16 Streifen von jeweils 2 cm Länge für die Beine zuschneiden. Wie auf der Abbildung unten die Fühler und die Beine am Kuchen anbringen.

TIPP: Für dieses Rezept benötigen Sie 1 ½ Portionen des Vanillebutterkuchens. Geben Sie 120 ml in eine 185 ml große, gefettete Muffinform und backen Sie sie 20–25 Minuten. Den restlichen Kuchenteig in die 80 ml großen Muffinpapierförmchen geben und 20 Minuten backen.

Sie brauchen eine rechteckige Kuchenplatte, 40 x 50 cm.

★ Riesenlutscher

Dekorationszeit: 1 Stunde

1 runder Vanillebutterkuchen, Durchmesser 24 cm (Rezept → 142)
1 ½ Portionen Vanillebuttercreme (Rezept → 145)
Lebensmittelfarbe: orange
12 bunte Fruchtgummischlangen
Rotes Samtband, 1,5 m x 1 cm
1 großer Holzstab, 30 cm lang, Durchmesser 1 cm

1 Falls nötig, den Kuchen oben herum mit einem scharfen Messer begradigen. Die Buttercreme mit der orangen Lebensmittelfarbe einfärben. Den Kuchen auf die Kuchenplatte legen und oben und seitlich mit der Buttercreme bestreichen.

2 Für den Lutscherstiel 1 m des Samtbandes um den Holzstab wickeln. Das restliche Band an der Spitze des Stabes als Schleife festbinden. Den Stab unten in den Kuchen hineinstecken.

3 Die Köpfe der Fruchtschlangen abschneiden und weglegen. In der Mitte beginnend, die Fruchtschlangen spiralförmig und eng aneinander auf den Kuchen legen.

Sie brauchen eine runde Kuchenplatte mit einem Durchmesser von 30 cm.

ICE CREAM

★ Kaffeekränzchen

Dekorationszeit: 1 Stunde

1 runder Vanillebutterkuchen, Durchmesser 20 cm (Rezept → 142)
½ Portion Vanillebuttercreme (Rezept → 145)
500 g weißer Fondant
Lebensmittelfarbe: rosa
Puderzucker, gesiebt
Miniatur-Kaffeegeschirr aus Plastik

1 Mit einem scharfen Messer die Kuchenoberfläche eventuell gerade schneiden. Den Kuchen mit der angeschnittenen Seite nach unten auf die Kuchenplatte legen und den gesamten Kuchen mit Buttercreme bestreichen.

2 Für die Blumen 100 g Fondant dunkelrosa färben und auf der mit Puderzucker bestäubten Arbeitsplatte weich kneten. Anschließend 5 mm dünn ausrollen. Mit einer 3 cm großen Blumenausstechform kleine Blumen ausschneiden.

3 Für die Tischdecke den restlichen Fondant rosa färben, auf der vorbereiteten Arbeitsfläche weich kneten und einen Kreis mit 28 cm Durchmesser und 6 mm dünn ausrollen. Der Kreis sollte groß genug sein, um den Kuchen oben und seitlich abzudecken.

4 Mit einer Teigrolle den rosa Fondant vorsichtig hochheben und auf den Kuchen legen. Er sollte seitlich wie eine Tischdecke fallen. Den Kuchen oben mit den Händen glatt streichen.

5 Die rosaroten Blumen mit etwas Wasser auf dem Kuchen festkleben und mit dem Kaffeegeschirr dekorieren.

Kuchenplatte mit
25 cm Durchmesser

Streuen Sie grüne Kokosnussraspel auf die Kuchenplatte, um das Gras anzudeuten.

Grundlagen

Erste Schritte

Die Deko des Kuchens ist zwar wichtig, doch sollte er auch schmecken. Nur die Kombination aus Geschmack und Deko bringt den Erfolg.

In diesem Kapitel lernen Sie alles, was Sie für die Zubereitung verschiedener Kuchen und den Belag aus Buttercreme und Fondant wissen müssen. Ebenso wird Ihnen gezeigt, wie Sie einen Kuchen richtig auf die Kuchenplatte setzen und wie Sie die jeweiligen Kuchen der Vorlage entsprechend dekorieren können.

Neben den Grundrezepten für die Kuchen und den unterschiedlichen Güssen und Belägen, die in den Rezepten verwendet werden, sollen Ihnen verschiedene Tricks die Arbeit erleichtern.

Wichtigste Voraussetzung ist eine gute Organisation. Bevor Sie mit dem Dekorieren beginnen, müssen Sie genügend Zeit für das Backen und Auskühlen berechnen. Sie können Zeit sparen, indem Sie eine Fertigbackmischung verwenden oder einen fertigen Kuchen kaufen. Die Deko sollte Ihnen jedenfalls Spaß bereiten.

VORBEREITUNG

Am Anfang jedes Rezeptes finden Sie jeweils eine Liste der Zutaten, die Sie für die Dekoration des abgebildeten Kuchens benötigen.

Darüber hinaus sind Küchengeräte erforderlich, die in jeder Küche zu finden sind. Ein Rührgerät für die Herstellung des Kuchenteiges sowie Backformen in den im Rezept beschriebenen Größen und Formen sind grundlegend. Wenn Sie mehrere Backformen benötigen, so können Sie sich diese eventuell von Ihrer Familie oder von Freunden leihen. Dieses Buch enthält Schablonen für die ausgefallenen Kuchenformen; spezielle Backformen finden Sie im Fachhandel/Internet.

Sie benötigen ein scharfes Messer, eine Schere, eine Teigrolle, eine Backspachtel für das Auftragen der Buttercreme, verschiedene Ausstechformen für den Fondant und je nach Rezept einen feinen Malpinsel.

Sie brauchen ferner Lebensmittelfarben. Diese können Sie in flüssiger Form, als Gel oder Paste in Fachgeschäften kaufen. Mit der Paste erzielt man bei

hellen Farben einen intensiveren Farbton als mit der flüssigen Farbe. Die Wahl der Farben sollten Sie den Vorlieben Ihrer Kinder anpassen.

Die Schnittmuster lassen sich am besten mit Backpapier abpausen, mit dem auch die Backformen ausgelegt werden. Um zu verhindern, dass die Beläge austrocknen, sollten Sie Frischhaltefolie bereithalten.

ZUBEREITUNGSZEIT

Bei jedem Rezept ist die für die Dekoration benötigte Zeit angegeben. Zu dieser Zeitangabe müssen Sie zusätzlich die Zeit für das Backen der Kuchen einplanen. Je nach Ofenart und Anzahl der Kuchen, ist es eventuell erforderlich, in mehreren Etappen zu backen. Die Kuchen müssen gut ausgekühlt sein, bevor Sie mit dem Dekorieren beginnen können. Kalkulieren Sie fürs Backen ausreichend Zeit ein, oder backen Sie die Kuchen bereits einen Tag vorher.

WAHL DER KUCHEN

Welches Kuchenrezept und welche Backform Sie verwenden sollen, ist bei jedem Dekorationsvorschlag genau vorgegeben. Folgen Sie den Backanweisungen für die Grundrezepte auf den Seiten 142–145, und nehmen Sie für die Mengen und die Backzeiten die Tabelle auf Seite 146 zu Hilfe.

MENGEN UND PORTIONEN

In den Kuchenrezepten wird nicht angegeben, für wie viele Personen sie gedacht sind, da diese Kuchen für Kinder gedacht sind und normalerweise ein Kuchen für alle Kinder ausreicht. Falls Sie ein großes Fest planen, zu dem auch viele Erwachsene eingeladen sind, ist jedenfalls ein Kuchen für den Kindergeburtstag ausreichend. Ob Sie zusätzlich für die Erwachsenen noch einen Kuchen vorbereiten, müssten Sie selbst entscheiden.

REZEPTE DEM JEWEILIGEN BEDARF ANPASSEN

Spielen Sie mit Ihrer Kreativität: Sie können Farben und Formen der Kuchen beliebig verändern. Es ist am einfachsten, den Kuchen mit Buttercreme zu bestreichen, da Sie die Creme wieder wegnehmen können, falls Ihnen die Dekoration nicht gefällt und Sie nochmal neu beginnen möchten. Falls Sie zum ersten Mal einen Kuchen dekorieren, empfiehlt es sich, genau nach Rezept vorzugehen, da Sie auf diese Weise Erfahrung sammeln.

★ Vanillebutterkuchen

Vorbereitungszeit: 15 Minuten
Backzeit: 50 Minuten
Das Rezept ergibt einen runden Kuchen von 20 cm Durchmesser.
Größe 1 (für andere Größen und Formen → Tabelle Seite 146)

185 g Mehl-Backpulver-Mischung
50 g glattes Mehl
165 g feiner Zucker
125 g weiche Butter
3 Eier (Zimmertemperatur)
60 ml Milch
1 TL Vanilleextrakt

1 Den Backofen auf 180 °C (Gas: Stufe 2–3) vorheizen. Eine runde Backform mit 20 cm Durchmesser ausfetten und den Boden sowie den Innenrand mit Backpapier auslegen (→ 150).

2 Das Mehl in eine Schüssel sieben. Zucker, Butter, Eier, Milch und Vanilleextrakt hinzugeben und mit einem Rührgerät zunächst die Zutaten auf niedriger Stufe miteinander vermischen. Danach bei mittlerer Stufe 2–3 Minuten rühren bzw. bis alles gut miteinander vermischt ist und der Teig eine blasse Farbe angenommen hat.

3 Den Teig mit einem Löffel in die vorbereitete Backform geben und mit dem Löffelrücken gleichmäßig verteilen und glätten. In der Mitte des Ofens 45–50 Minuten backen. Mit einem Zahnstocher in die Mitte des Kuchen stechen: Wenn nach dem Herausziehen kein Teig an ihm klebt, ist der Kuchen fertig. Den Kuchen herausnehmen und 5 Minuten in der Backform lassen. Danach auf ein Gitter stürzen und vollständig auskühlen lassen.

TIPP: Falls Sie nur die Hälfte der Butterkuchenportion benötigen, nehmen Sie 2 Eier, 1 EL Milch und von den anderen Zutaten lediglich die Hälfte der angegebenen Mengen. Man kann den Kuchen in einem luftdichten Behälter bis zu drei Tage lang aufbewahren und eingefroren ohne Dekoration zwei Monate lang aufbewahren. Wickeln Sie ihn dazu in Frischhaltefolie, und legen Sie ihn in einem verschließbaren Gefrierbeutel in die Tiefkühltruhe. Notieren Sie am besten das Einfrierdatum auf dem Gefrierbeutel.

VARIANTEN

Je nachdem, welchen Geschmack Ihr Kind bevorzugt, können Sie folgende Varianten auswählen:

Schokoladenbutterkuchen: Ersetzen Sie 30 g des glatten Mehls mit 30 g ungesüßtem Kakaopulver, und sieben Sie es mit dem Mehl zusammen.
Orangenbutterkuchen: Geben Sie statt dem Vanilleextrakt die fein geriebene Schale einer unbehandelten Orange hinzu.
Zitronenbutterkuchen: Verwenden Sie anstelle des Vanilleextrakts die fein geriebene Schale von 2 unbehandelten Zitronen.

Glutenfreier Butterkuchen

Vorbereitungszeit: 15 Minuten
Backzeit: 40 Minuten
Das Rezept ergibt einen runden Kuchen mit 20 cm Durchmesser (entspricht einer Portion; für andere Größen und Formen → Seite 146; die Backzeit für den glutenfreien Kuchen beträgt 5–15 Minuten weniger als angegeben).

200 g glutenfreie Mehl-Backpulver-Mischung
165 g feiner Zucker
150 g weiche Butter
60 ml Milch
3 Eier (Zimmertemperatur)
1 TL Vanilleextrakt

1 Den Backofen auf 180 °C vorheizen. Eine runde Backform mit 20 cm Durchmesser ausfetten und den Boden sowie den Rand mit Backpapier auslegen (→ Seite 150).

2 Mehl und 60 g Zucker in eine Schüssel sieben. Mit einem Handrührgerät die Butter in einer kleinen Schüssel 4–5 Minuten bzw. bis sie weiß und schaumig ist rühren. Nach und nach die Mehl- und Zucker-Mischung sowie die Milch unterrühren. Wenn alles gut vermischt ist, den Teig in eine größere Schüssel geben.

3 Mit einem Handrührgerät mit Schneebesenaufsatz Eier, Vanille und den restlichen Zucker in einer mittelgroßen Schüssel etwa 5–6 Minuten schlagen. Die Masse sollte dickflüssig und blass sein, und ihr Volumen sollte sich verdreifacht haben. Die Hälfte der Eiermischung mit einer Backspachtel oder einem langen Eisenlöffel in die Mehlmischung einrühren. Den Rest der Eiermischung unterheben, bis ein gleichmäßiger Teig entsteht.

4 Den Teig in die vorbereitete Backform geben und die Oberfläche mit dem Rücken eines Löffels glätten. In der Mitte des Ofens den Kuchen 35–40 Minuten backen bzw. mit dem Zahnstochertest (→ 142, 3) prüfen, ob der Kuchen fertig gebacken ist. Den Kuchen herausnehmen, 5 Minuten in der Backform abkühlen lassen und ihn dann auf ein Gitter stürzen.

TIPP: Falls Sie nur die Hälfte der glutenfreien Butterkuchenportion benötigen, nehmen sie 2 Eier, 1 EL Milch und von den anderen Zutaten jeweils nur die Hälfte der angegebenen Mengen.
Man kann den Kuchen in einem luftdichten Behälter bis zu drei Tage lang aufbewahren. Tiefgefroren und ohne Dekoration kann er zwei Monate lang aufbewahrt werden. Wickeln Sie ihn dazu in Frischhaltefolie, und legen Sie ihn in einem verschlossenen Gefrierbeutel in die Tiefkühltruhe. Notieren Sie am besten das Backdatum auf dem Gefrierbeutel.

★ Saftiger Schokoladenkuchen

Vorbereitungszeit: 20 Minuten, plus 15 Minuten zum Auskühlen
Backzeit: 1 Stunde und 45 Minuten
Das Rezept ergibt einen runden Kuchen mit 24 cm Durchmesser (für andere Größen und Formen → Tabelle Seite 147)

250 g Butter
250 g dunkle (halbbittere) Schokolade, gehackt
495 g feiner Zucker
4 Eier, leicht geschlagen
125 ml Milch
150 g Mehl-Backpulver-Mischung
150 g glattes Mehl
55 g ungesüßtes Kakaopulver, gesiebt

1 Den Backofen auf 160 °C (Gas Stufe 1) vorheizen. Eine tiefe, runde Backform mit 24 cm Durchmesser fetten und den Boden wie auch den Rand mit Backpapier auslegen; dabei das Papier etwa 5 cm über den Rand stehen lassen. (→ Seite 150).

2 Butter, Schokolade und Zucker in einen großen Kochtopf mit 185 ml heißem Wasser geben und bei geringer Hitze zu einer glatten Masse rühren. Vom Herd nehmen, in eine große Schüssel gießen und 15 Minuten abkühlen lassen.

3 Eier und Milch in die Schokoladenmischung rühren. Mehl und Kakao zusammen sieben, unter die Schokoladen-Eier-Masse mischen und alles zu einem glatten Teig verrühren.

4 Den Teig in die vorbereitete Backform gießen und mit einem Löffel glatt streichen. In der Mitte des Ofens 1 ¾ Stunden backen. Den Kuchen aus dem Ofen nehmen, wenn beim Zahnstochertest (→ 142, 3) der Teig noch nass und krümelig, aber nicht mehr teigig ist. Wenn die Oberfläche noch roh aussieht, dann nochmals 5–10 Minuten backen. Den Kuchen erst aus der Form nehmen, wenn er komplett ausgekühlt ist.

TIPP: Sie können diesen Kuchen in einem luftdichten Behälter bis zu 3 Wochen lang im Kühlschrank oder 1 Woche an einem trockenen, kühlen Platz lagern. Der Kuchen kann tiefgefroren ohne Dekoration 2 Monate in der Tiefkühltruhe aufbewahrt werden. Wickeln Sie ihn dazu in Frischhaltefolie, und geben Sie ihn danach in einen verschließbaren Gefrierbeutel. Es empfiehlt sich, das Backdatum auf dem Beutel zu notieren.

★ Vanillebuttercreme

Vorbereitungszeit: 10 Minuten
Das Rezept ergibt etwa 320 ml Vanillebuttercreme

125 Butter, Zimmertemperatur (→ Tipp)
215 g Puderzucker, gesiebt
1 EL Milch
1 TL Vanilleextrakt

1 In einer mittelgroßen Schüssel die Butter mit einem Rührgerät 4–5 Minuten schlagen bzw. so lange, bis sie ganz weiß ist. Nach und nach den Puderzucker unterrühren, bis eine weiche und glatte Creme entsteht. Dabei, falls nötig, immer wieder die Creme vom Schüsselrand kratzen.

2 Die Milch und den Vanilleextrakt hinzugeben und gut verrühren. Die Creme nach Belieben verwenden.

TIPP: Sie sollten die Buttercreme sofort verwenden. Sie sollte eine glatte Konsistenz haben und dick genug sein, um sie aufspritzen zu können. Sie können dies testen, indem Sie mit dem Finger über die Oberfläche der Creme fahren. Die gezogene Linie sollte sichtbar, aber nicht zu fest sein. Um die Konsistenz zu korrigieren, könnten Sie entweder etwas mehr Milch oder Puderzucker unterrühren.
Die Buttercreme gerinnt, wenn die Butter zu weich ist oder wenn Sie zu viel Flüssigkeit – Milch oder Farbe – hinzugegeben haben. Gehen Sie sicher, dass die Buttercreme Zimmertemperatur hat, und geben Sie die Flüssigkeit nach und nach unter die Creme, bis sie fest und streichfähig ist. Ist Ihnen die Buttercreme geronnen, so fangen Sie am besten nochmals von vorn an und bereiten eine neue Creme zu.

VARIANTEN

Je nach dem, welchen Geschmack Ihr Kind bevorzugt, können Sie folgende Varianten probieren:

Schokoladenbuttercreme: Verwenden Sie nur 185 g Puderzucker. Sieben Sie den Puderzucker zusammen mit 30 g ungesüßtem Kakaopulver, bevor Sie es in die Butter einrühren.
Orangenbuttercreme: Geben Sie statt des Vanilleextrakts die fein geriebene Schale einer unbehandelten Orange hinzu.
Zitronenbuttercreme: Geben Sie statt des Vanilleextrakts die fein geriebene Schale von 2 unbehandelten Zitronen hinzu.
Karamellbuttercreme: Verwenden Sie nur 215 g Puderzucker und keine Milch. Geben Sie beim ersten Rühren 110 g braunen Zucker und 115 g Zuckersirup zusammen mit dem Vanilleextrakt in die Masse. Fügen Sie danach den Puderzucker hinzu.

Backtabelle

Vanille- und glutenfreier Butterkuchen (Rezepte → 142–143) Elektroherd: 180 °C (Gasherd Stufe 2–3)

Backformgröße (Bodendurchmesser)	Portion Vanille- oder glutenfreier Butterkuchenteig	Backzeit (5–15 Minuten weniger bei glutenfreiem Butterkuchen)
Ø 20 cm rund	1 Portion	45–50 Minuten
Ø 22 cm rund	1½ Portionen	1 Stunde
Ø 24 cm rund	2 Portionen	1 Stunde 10 Minuten
Ø 30 cm rund	3 Portionen	1 Stunde 20 Minuten
18 x 23 cm oval	2 Portionen	50–55 Minuten
Ø 20 cm Ring	1 Portion	40 Minuten
20 cm quadratisch	1 Portion	50–60 Minuten
23 cm quadratisch	2 Portionen	1 Stunde 10 Minuten
25 cm quadratisch	3 Portionen	1 Stunde 20 Minuten
30 cm quadratisch	4 Portionen	1 Stunde 30 Minuten
20 x 30 cm Randblech (Browniebackform)	1 Portion	30 Minuten
26 x 35 cm Auflaufform	2 Portionen	50–55 Minuten
9 x 19 cm Kastenform	1 Portion	50–55 Minuten
8 x 20 cm Zylinderbackform (Nut-roll)	½ Portion	1 Stunde 10 Minuten
1 l Puddingform	1 Portion	1 Stunde
2,5 l Dolly-varden (Puddingform, kegelförmig)	2½ Portionen	1 Stunde 15 Minuten
12er (20 ml) Mini-Muffin Papier-/Backform	½ Portion	10 Minuten
12er (40 ml) Mini-Pasteten-Backform	½ Portion	15 Minuten
12er (80 ml) Muffin-Papier-/Backform	1 Portion	20–25 Minuten
12er (185 ml) Muffin-Papier-/Backform	2 Portionen	30 Minuten

Saftiger Schokoladenkuchen (Rezept →144) Elektroherd: 160 °C (Gasherd Stufe 1)

Backformgröße (Bodendurchmesser)	Portion des Schokoladenkuchens	Backzeit
Ø 24 cm rund	1 Portion	1 Stunde 45 Minuten
Ø 30 cm rund	2 ½ Portionen	2 Stunde 20 Minuten
25 cm quadratisch	2 Portionen	2 Stunde
30 cm quadratisch	2 ½ Portionen	2 Stunde 15 Minuten
20 x 30 cm Backblech	½ Portion	35–40 Minuten
26 x 35 cm Auflaufform	2 Portionen	2 Stunde

Die Backformen Nut-roll und Dolly-varden sind im speziellen Fachhandel oder über das Internet erhältlich.

★ Meringenbelag

Vorbereitungszeit: 15 Minuten
Kochzeit: 5 Minuten
Das Rezept ergibt etwa 600 ml

165 g feiner Zucker
3 Eiklar (Zimmertemperatur)
300 g Butter, in Würfel geschnitten (Zimmertemperatur)
1 ½ TL Vanilleextrakt

1 Einen mittelgroßen Kochtopf bis zur Hälfte mit Wasser füllen und bei mittlerer Hitze leicht zum Kochen bringen.

2 Zucker und Eier in eine hitzefeste Schüssel geben, die genau in den Topf passen sollte, so dass kein Wasser in die Schüssel gelangen kann. Die Hitze reduzieren und die Schüssel in das Wasserbad setzen. Die Zutaten darin 4–5 Minuten verquirlen bzw. bis sich der Zucker aufgelöst und sich die Mischung erwärmt hat.

3 Die Mischung in eine Schüssel geben und mit einem Rührgerät bei mittlerer bis hoher Stufe etwa 8 Minuten schlagen bzw. bis es eine glänzende Masse ergibt und sie sich auf Raumtemperatur abgekühlt hat.

4 Auf mittlere Stufe herunterschalten und nach und nach die Butter hinzugeben, um eine geschmeidige Masse zu erhalten. Dann den Vanilleextrakt unterrühren.

5 Den Guss mit einem Holzlöffel oder einem Rührbesen 1–2 Minuten schlagen, um eventuelle Luftblasen zu entfernen. Den Guss sofort verwenden.

★ Vanillezuckerguss

Vorbereitungszeit: 5 Minuten
Das Rezept ergibt etwa 240 ml Vanillezuckerguss

405 g Puderzucker (→ Tipp)
60 ml Wasser (Zimmertemperatur)
1 TL Vanilleextrakt

1 Den Puderzucker in eine mittelgroße Schüssel geben. Mit einer Backspachtel oder einem Holzlöffel langsam das Wasser unterrühren, bis die Mischung geschmeidig und dickflüssig ist (eventuell ist nicht das ganze Wasser notwendig). Den Vanilleextrakt beifügen. Falls nötig, etwas mehr Wasser hinzugeben, um eine leicht streichbare Konsistenz zu erreichen.

TIPP: Verwenden Sie nur reinen Puderzucker!

★ BitterSchokoladen-Ganache

Vorbereitungszeit: 5 Minuten, plus 30–60 Minuten Auskühlzeit
Kochzeit: 5 Minuten
Das Rezept ergibt eine Menge von etwa 300 ml Ganache

250 g Bitterschokolade, gehackt
185 ml Schlagsahne

1 Die Schokolade in eine mittelgroße, hitzefeste Schüssel geben. Die Sahne in einem kleinen Topf auf mittlerer Stufe erhitzen, bis sie leicht kocht. Anschließend über die Schokolade gießen und 2–3 Minuten ruhen lassen. Danach so lange rühren, bis die Schokolade geschmolzen und alles gut miteinander vermischt ist.

2 30–60 Minuten in den Kühlschrank stellen und oft umrühren, bis der Guss dickflüssig und streichfähig ist.

VARIANTEN

Je nach Vorliebe Ihres Kindes sind folgende Geschmacksvarianten möglich:

Milchschokoladen-Ganache: Ersetzen Sie die Bitterschokolade durch Milchschokolade.
Weiße Schokoladen-Ganache: Ersetzen Sie die Bitterschokolade durch weiße Schokolade.
Schokoladenschaum-Ganache: Die Schokoladen-Ganache mindestens 45–60 Minuten abkühlen lassen, bis sie zäh, aber nicht zu hart ist. Schlagen Sie dann die Ganache 1–2 Minuten mit einem elektrischen Rührbesen, bis sie verdickt und blass ist. Das Rezept ergibt 360 ml.

Backformen vorbereiten

Damit der Kuchenteig nicht an den Backformen kleben bleibt, werden die Backformen mit Backpapier ausgelegt. Folgende Methoden eignen sich für die einfacheren Formen: Bevor Sie die Backform mit Backpapier auslegen, streichen Sie die Form mit etwas zerlassener Butter oder einem milden Pflanzenöl ein. Dadurch verhindern Sie das Verrutschen des Backpapiers.

RUNDE ODER OVALE BACKFORMEN?

Schneiden Sie einen Streifen Backpapier aus, der lang genug ist, um den Innenrand der Backform zu bedecken, und der 2,5 cm höher ist als der Rand. Falten Sie den Streifen an der langen Seite 2 cm um. Schneiden Sie diese Falte mit einem Abstand von 1 cm mit der Schere mehrmals ein. Legen Sie den Streifen anschließend am Innenrand der Backform entlang, wobei die eingeschnittene Falte unten sein sollte. Drücken Sie die Einschnitte im rechten Winkel fest, damit der Streifen auf dem Boden der Backform passend aufliegt.

Legen Sie die Backform auf einen anderen Bogen Backpapier und malen Sie ihren Umriss nach. Schneiden Sie dann den Kreis aus, und legen Sie ihn in die Mitte der Backform.

QUADRATISCHE ODER RECHTECKIGE BACKFORMEN?

Gehen Sie genauso wie bei der runden Backform vor (→ Seite 150). Falls es schneller gehen soll, können Sie die Form auch auf ein doppelgelegtes Backpapier legen und den Umriss des Bodens der Backform abzeichnen. Legen Sie das Papier in die Backform, und drücken Sie es auf dem Boden fest. Schneiden Sie einen Streifen Papier aus, der die Seiten der Backform bedeckt und der 2,5 cm höher als der Rand ist. Legen Sie den Streifen an den Innenseiten der Form entlang, und passen Sie ihn den Ecken an.

SPEZIALFORMEN

Folgen Sie den Angaben wie bei den runden Backformen (→ Seite 150). Zeichnen Sie die Umrisse auf das Backpapier, schneiden Sie es aus, und legen Sie es in die Backform über die Einschnitte.

Verarbeitung der Buttercreme

Buttercreme ist ein streichfähiger, einfach zu handhabender Kuchenbelag, der je nach Bedarf geglättet oder für ein Muster aufgeraut werden kann. Man kann sie leicht färben, spritzen oder als Zwischenbelag verwenden. Oft dient sie dazu, den Kuchen zu versiegeln, um Kuchenkrümel im Fondant zu vermeiden und um den Kuchen schmackhafter zu machen.

BUTTERCREMEBELAG

Geben Sie auf den oberen Teil des Kuchens einen großen Löffel Buttercreme in die Mitte, und verstreichen Sie sie gleichmäßig mit einer Backspachtel, als ob Sie Butter streichen würden. Glätten Sie die Oberfläche mit der Backspachtel, wobei Sie diese flach halten sollten, um eventuelle Luftbläschen herauszustreichen. Fahren Sie so fort, bis der komplette obere Teil des Kuchens bedeckt ist.

Tragen Sie die Creme auf die gleiche Weise an den Seiten des Kuchens auf. Halten Sie dabei die Backspachtel (oder das Messer) vertikal, und drücken Sie leicht mit dem Finger hinten auf den unteren Teil des Messers, um Luftbläschen zu vermeiden.

Um die Oberfläche zu glätten, waschen Sie die Backspachtel gut ab, und tauchen Sie sie in ein Glas heißes Wasser. Wenn sie erwärmt ist, die Backspachtel (oder das Messer) herausnehmen, trocknen und dann damit die Buttercreme glätten. Den Vorgang so lange wiederholen, bis die Buttercreme so glatt wie möglich verstrichen ist.

QUEEN

Spritzbeutel

Es gibt Spritzbeutel aus Nylon, Baumwolle oder Silikon. Sie können aber auch eine Garnierspritze verwenden. Alle Utensilien sind im Fachhandel erhältlich. Einwegspritzbeutel finden Sie im Supermarkt. Sie können auch Ihren eigenen Spritzbeutel herstellen. Schneiden Sie dazu aus einem Bogen beschichteten Backpapier ein etwa 25 x 25 cm quadratisches Stück heraus, schneiden Sie es diagonal durch, damit Sie zwei Dreiecke erhalten. Rollen Sie beide Dreiecke so zusammen, dass sie spitz zulaufen, kleben Sie die beiden Stücke mit Klebeband fest, schneiden Sie an der Spitze 1 cm ab, und stecken Sie von oben eine Tülle in den Beutel. Bereiten Sie alle Beutel vor, bevor Sie mit dem Dekorieren beginnen. Verwenden Sie für jede Farbe einen eigenen Spritzbeutel.

SPRITZTÜLLEN UND SPRITZAUFSÄTZE

Spritztüllen und Spritzaufsätze sind in nahezu jeder Größe und Form erhältlich. Es gibt sie unter anderem in Sternen-, Blumen- oder Kreuzform, geschwungen oder auch flach. Übliche Formen sind in jeder Backabteilung erhältlich, wobei Sie im Fachgeschäft eine weitaus größere Auswahl finden.

Generell gilt: Je kleiner die Tülle, umso feiner sollte auch die Spritzmasse sein. Mit einer kleinen Tülle können Sie genauer arbeiten, dafür sollten Sie auch einen kleineren Spritzbeutel verwenden, der leichter zu führen ist.

SPRITZTECHNIKEN

Den Spritzbeutel nur zu zwei Dritteln füllen. Wenn Sie zu viel hineingeben, könnte es sein, dass die Creme oben herausquillt. Drehen Sie daher den Beutel oben zu. Auch wenn man Erfahrung darin hat, ist es am besten, den Spritzbeutel mit beiden Händen zu halten, um ihn besser führen zu können.

Bei Spritzbeuteln aus Papier empfiehlt es sich, mit dem Zeigefinger einer Hand den Beutel unten zu stützen, mit dem Daumen den Beutel oben geschlossen zu halten und dann erst den Beutel zu drücken.

Verwenden Sie einen Spritzbeutel aus Nylon oder Silikon, dann legen Sie den Beutel zwischen Ihren Daumen und Zeigefinger und drücken ihn mit den anderen Fingern. Um den Beutel besser zu führen und um ein Zittern beim Spritzen zu vermeiden, legen Sie den Zeigefinger der anderen Hand an das untere Ende des Beutels. Drücken Sie dann den Beutel oben, damit die Creme aus der Tülle gepresst wird.

Linie: Nehmen Sie eine Lochtülle, und halten Sie den Beutel im 60°-Winkel genau über der Oberfläche, und drücken Sie ihn mit gleichmäßigem Druck. Bewegen sie ihn dabei langsam in eine Richtung (→ Märchenschloss Seite 87).

Linien können auch mit Zuckerschrift gemalt werden. Zuckerschrift gibt es in Tuben, die im Supermarkt bei den Backwaren erhältlich sind. Sie eignen sich sehr gut für Schriften auf den Kuchen, da die Tuben kleiner und damit handlicher sind.

Zickzack oder Kringel: Für eine glatte Zickzacklinie nehmen Sie eine normale Lochtülle, für eine gezackte Linie eine Sterntülle. Drücken Sie kurze Linien, nehmen Sie zum Ende der Linie hin Druck weg, und heben Sie den Beutel nach oben hin ab (→ Schmetterling Seite 75).

Stern: Verwenden Sie kleine oder große Sterntüllen. Halten Sie den Spritzbeutel senkrecht, drücken Sie ihn und führen Sie ihn senkrecht nach oben als Spitze ab. Damit können Sie einen Rand markieren oder eine große Fläche bedecken (→ Raupe Seite 130).

Rosette: Die Rosettentüllen sehen aus wie die Sterntüllen, allerdings mit feineren Linien. Halten Sie den Beutel fast senkrecht, und drücken Sie ihn. Bewegen Sie ihn dabei leicht im Kreis, und ziehen Sie ihn etwas nach oben. Zum Abschluss bringen Sie die Spitze in die Mitte, dabei vermindern Sie den Druck und ziehen den Beutel nach oben weg (→ Abbildung links).

Muschelrand: Sie erhalten einen Muschelrand mit einer Loch- oder einer Sterntülle. Halten Sie den Spritzbeutel dabei in einem 45°-Winkel, und drücken Sie eine Knolle. Ziehen Sie die Creme mit weniger Druck Richtung Kuchenplatte, und formen Sie ein spitzes Ende. Setzen sie über dem Ende der ersten auf die gleiche Weise eine weitere Knolle usw., bis Sie einen Rand erhalten (→ Riesiges Tortenstück Seite 105).

Die Arbeit mit dem Fondant

Der Fondant eignet sich sehr gut für Anfänger in der Kuchendekoration. Er lässt sich einfach und effektvoll anwenden. Bei feuchten Temperaturen kann er klebrig sein, und obwohl Wasser verwendet wird, um Fondantteile zusammenzukleben, kann dies Flecken auf der Fondantoberfläche hinterlassen. Vermeiden Sie daher während des Ausrollens den Kontakt mit Wasser. Ein Fondant ist weich und biegsam. Er kann leicht gefärbt und geformt werden. Falls etwas schiefgehen sollte, können Sie einfach von vorn beginnen und ihn erneut ausrollen.

Der Fondant ist eine modellierbare Zuckermasse, auch Rollfondant genannt. Er ist im Supermarkt, in Fachgeschäften/Internet erhältlich. Es gibt ihn in unterschiedlichen Farben zu kaufen. Wickeln Sie den Fondant in eine Frischhaltefolie, wenn Sie ihn nicht verwenden, sonst trocknet er aus. Nicht benötigten Fondant kann man in Frischhaltefolie einwickeln und mehrere Wochen im Kühlschrank aufbewahren.

FÄRBEN DES FONDANTS

Fondant kann beliebig gefärbt werden. Eine Mischung der Farben und das Experimentieren damit liefert oft ganz erstaunliche Ergebnisse. Der Fondant sollte gefärbt werden, solange er weich ist. Am einfachsten färbt man ihn, indem man Farbpaste oder flüssige Lebensmittelfarbe hinzugibt (Farbpaste hat meist eine bessere Qualität, erzeugt stärkere Farbtöne und lässt sich beim Fondant leichter anwenden). Welches Färbemittel Sie auch benutzen, geben Sie die Farbe nie direkt aus dem Behälter auf den Fondant, sondern nur nach und nach mit einer Pipette oder einem Zahnstocher hinzu.

Um den Fondant zu färben, kneten Sie ihn auf einer mit gesiebtem Puderzucker bestäubten Arbeitsplatte etwas durch. Tauchen Sie dann die Spitze eines Zahnstochers in die Farbe, und streichen Sie sie auf den Fondant. Denken Sie daran, dass schon ein bisschen Farbe einen starken Effekt haben kann! Also geben Sie die Farbe Stück für Stück hinzu, besonders wenn Sie einen weichen Farbton erzielen möchten. Kneten Sie anschließend den Fondant so lange, bis die Farbe gleichmäßig verteilt ist. Überprüfen Sie dies, indem Sie ihn in der Hälfte durchschneiden und, falls nötig, erneut kneten.

Wenn Sie den erwünschten Farbton erzielt haben, wickeln Sie den Fondant in eine Frischhaltefolie und stecken ihn in einen verschließbaren Plastikbeutel oder einen luftdichten Behälter, bis Sie ihn verwenden.

FONDANT MIT MARMOREFFEKT

Einen Marmoreffekt erreicht man, wenn man zwei verschiedenfarbige Fondantstücke miteinander vermischt und Schlieren erzielt. Drehen Sie dazu zwei Streifen von unterschiedlicher Farbe ineinander, kneten Sie sie vorsichtig, bis der Marmoreffekt entsteht. Sie können auch weißen Fondant kneten, bis er biegsam ist, und darauf Tropfen in verschiedenen Farben verteilen. Falten und drehen Sie den Fondant so lange, bis Schlieren entstehen. Je mehr Sie den Fondant kneten, umso mehr vermischen sich die Farben und umso weniger sichtbar ist der Marmoreffekt. Überarbeiten Sie ihn also nicht!

STEMPELMOTIVE AUF FONDANT

Man kann mit Schablonen auf den bereits ausgerollten Fondant und normalerweise auch auf einen Kuchen, der schon mit dem Fondant belegt ist, Motive auftupfen.

Sie können Ihr eigenes Motiv verwenden, um ein spezielles Design auf den bereits getrockneten Fondant aufzutragen. Schablonen sind in Bastelgeschäften erhältlich. Wählen Sie ein Motiv, das dem Thema des Kuchens entspricht. Halten Sie die Schablone vorsichtig und gerade gegen den Fondant. Geben Sie etwas flüssige Lebensmittelfarbe in einen kleinen Teller, verdünnen Sie sie mit etwas Wasser. Tauchen Sie ein kleines Stück Schwamm in die Farbe. Der Schwamm darf nur leicht feucht sein!

Tupfen Sie die Farbe zunächst auf einen Rest des Fondants, um die Farbe zu überprüfen, und wenden Sie sie erst an, wenn Sie den erwünschten Farbton erzielt haben. Sie können die Teile des Kuchens, die nicht farbig sein sollen, mit Backpapier abdecken. Tupfen Sie mit dem Schwamm die Farbe auf den Kuchen, nehmen Sie danach das Backpapier ab, und lassen Sie die Farbe trocknen (→ Geschenkpaket Seite 113).

Die Arbeit mit dem Fondant (Fortsetzung)

Möchten Sie verschiedene Farben auftragen, dann empfiehlt es sich, die unterschiedlich farbigen Bereiche der Schablone abzudecken. Um ein Verschmieren der Farben zu vermeiden, sollte sie trocken sein, bevor Sie mit dem Auftragen der nächsten Farbe beginnen.

BEMALEN DES FONDANTS

Das Bemalen des Fondants ist nötig, um Details, wie Augen und Mund, aufzumalen. Auch eigene Kreationen mit ebenem Fondantbelag sind möglich. Verwenden Sie Lebensmittelfarben oder Zuckerschrift. Bevor Sie die Farben auftragen, muss der Fondant trocken und druckfest sein. Verwenden Sie einen feinen Malpinsel, und tragen Sie nicht zu viel Farbe auf, da sonst der Fondant zu nass wird und die Farbe verschwimmt. Tauchen Sie den Pinsel etwas in die Farbe, und streifen Sie überschüssige Farbe an einem Stück Küchenpapier ab.

AUSROLLEN DES FONDANTS

Kneten Sie den Fondant auf einer mit gesiebtem Puderzucker bestreuten Arbeitsfläche so lange, bis er biegsam wird. Nun können Sie den Fondant färben (→ Seite 156). Rollen Sie den Fondant auf die im Rezept angegebene Dicke und Form aus. Bewegen Sie den Fondant dabei immer wieder auf der Arbeitsfläche, damit er nicht festklebt.

BELEGEN DES KUCHENS MIT FONDANT

Sobald Sie den Fondant ausgerollt haben, müssen Sie ihn schnell verarbeiten, damit er nicht austrocknet und Risse bekommt. Um ihn besser handhaben zu können und um beim Hochheben ein Reißen zu vermeiden, rollen Sie den Fondant auf eine Teigrolle, und heben Sie ihn vorsichtig hoch. Halten Sie ihn über den Kuchen, legen Sie ihn darüber, und streichen Sie ihn oben und an den Seiten gerade. Bestäuben Sie Ihre Hände mit Puderzucker und streichen Sie fest über den Kuchen, um den Fondant zu glätten und eventuelle Falten zu beseitigen. Sollte sich eine Falte im Fondant gebildet haben, heben Sie den Fondant einfach seitlich vorsichtig an, und streichen Sie die Falte aus dem Fondant heraus.

Ist der Fondant geglättet, schneiden Sie die überstehenden Reste am unteren Ende des Kuchens mit einem

scharfen Messer ab. Sammeln Sie alle Fondantreste, und wickeln Sie sie in Frischhaltefolie. Bewahren Sie sie in einem verschließbaren Plastikbeutel oder einem luftdichten Behälter an einem kühlen und trockenen Platz auf. Sie werden sie eventuell später noch für die Dekoration des Kuchens benötigen, oder Sie können sie für einen anderen Kuchen verwenden. Luftblasen im Fondant können mit einer Nadel aufgestochen werden. Entfernen Sie danach die Einstichstelle, indem Sie den Fondant an der Einstichstelle mit der Hand glätten.

Streichen Sie mit Ihrer Handfläche oder einem Fondantglätter (breiter Plastikschaber) nochmals über den gesamten Kuchen. Ihre Hände müssen dabei mit Puderzucker bestäubt sein, um ein Kleben zu vermeiden.

TIPP: Wenn Sie den Kuchen belegen möchten, bevor Sie ihn auf die Tortenplatte stellen, dann sollten Sie Backpapier unter den Kuchen legen, bevor Sie mit dem Belegen beginnen. Lassen Sie dabei die Ecken des Backpapiers unter dem Kuchen überstehen, damit Sie den Kuchen später an diesen Ecken hochheben können, um ihn auf die Platte zu legen. Es erleichtert das Übertragen auf die Kuchenplatte, vermeidet Fingerabdrücke auf dem Fondant und schützt den Kuchen vor Kontakt mit der Kuchenplatte, da die Farbe der Kuchenplatte die Kanten des Fondants verfärben kann. Befestigen Sie das Backpapier auf der Kuchenplatte und schneiden Sie das überstehende Papier mit einer kleinen Schere ab, damit nichts davon zu sehen ist.

DEN KUCHEN AUF DIE KUCHENPLATTE SETZEN

Sobald der Fondant vollständig getrocknet ist, tragen Sie etwas Buttercreme oder angefeuchteten Fondant auf die Kuchenplatte auf, damit der Kuchen auf der Platte fest sitzt und nicht mehr verrutschen kann. Heben Sie dann den Kuchen mithilfe zweier Pfannenwender oder mithilfe des Backpapiers (→ Tipp) auf die Kuchenplatte.

Kuchenplatten

Kuchenplatten benötigt man für das Auflegen und den Transport der Kuchen. Sie können sie kaufen oder aus Karton, dünnen Span- bzw. Sperrholzplatten basteln, die Sie im Baumarkt zuschneiden lassen können. Gekaufte Kuchenplatten sind meist bereits mit Folie überzogen; sie sind in Fachgeschäften/Internet erhältlich. Sie können Ihre eigene Kuchenplatte mit buntem Papier, Stoff, Plastikklebefolie oder auch mit Rollfondant belegen.

Durchlässige Papierarten und Stoffe können vom Kuchen Fettflecken bekommen. Falls Sie dies vermeiden wollen, können Sie die Kuchenplatten vorher mit einer durchsichtigen Plastikklebefolie überziehen oder Backpapier unter den Kuchen legen.

Die Kuchenplatten können gereinigt und später erneut verwendet werden.

BEZIEHEN DER KUCHENPLATTEN

Legen Sie die Kuchenplatte mit der Oberfläche nach unten auf die Rückseite des Papiers oder des Stoffes. Nun zeichnen Sie den Umriss der Platte auf das Papier bzw. den Stoff. Markieren Sie anschließend einen etwa 5 cm breiten Rand um die Platte, und schneiden Sie an diesem äußeren Rand den Bezug mit einer Schere aus. Dann den Bezug am Rand entlang in einem Abstand von 1 cm und bis zur inneren Markierung einschneiden (→ Abbildung rechts). Bestreichen Sie die Oberfläche der Platte mit lösemittelfreiem Klebstoff, und pressen Sie den Bezug mit der Oberfläche nach unten auf das ausgeschnittene Papier bzw. den Stoff. Entfernen Sie Luftblasen, indem Sie darüber streichen. Falten Sie den eingeschnittenen Rand nach innen, und kleben Sie ihn mit Klebstoff oder Klebeband fest. Schneiden Sie nochmals den Umriss der Kuchenplatte aus dem Papier oder Stoff aus, allerdings etwas kleiner als die Kuchenplatte, und kleben Sie diese über den Boden der Platte, um die Einschnitte abzudecken. Wenn Sie den Rand der Platte verschönern möchten, können Sie ein Stoffband darum kleben. Achtung: Papier kann leicht reißen! Besonders wenn Sie Klebstoff verwenden.

Liste der ★ Süßigkeiten

1 Muschelpralinen
2 Eiswaffelhörnchen
3 Saure Fruchtstreifen
4 Runde Bonbons
5 Bunte Schokocrispies
6 Mit Schokolade überzogene Lakritzstäbchen
7 Zuckerstangen
8 Bunte Getreideknusperringe
9 Weiße Schokoladentropfen
10 Schokoladenplättchen
11 Große, bunte Fruchtgummischlangen
12 Lakritzstangen
13 Mini-Schokolinsen
14 Schaumgummis in Tierform
15 Bunte Fruchtgummibohnen
16 Weiße, rechteckige Bonbons
17 Bunte Streusel
18 Grüne, gezuckerte Fruchtgummis in Blattform
19 Mini-Marshmallows
20 Marshmallows, rund und in Tropfenform
21 Fruchtgummis in Obstform

22 Zuckerwatte
23 Fruchtgummi-schlangen
24 Dreieckiger Schokoladenriegel
25 Schokolinsen, rund
26 Schokoladentaler in Goldfolie
27 Schaumgummi-Bananen
28 Bunte Lutscher
29 Schokoladenstäbchen
30 Silberne Zuckerperlen
31 Schaumgummis in Eisform
32 Weiße Schokoladen-plättchen
33 Bunte Schokolinsen, flach
34 Runde Fruchtbonbons
35 Rote Lakritzstangen
36 Schokoladenknusper-stäbchen
37 Mit Schokolade über-zogene Schokokekse
38 Schokoladenwaffeln
39 Eiswaffeln
40 Schwarze Lakritzrolle
41 Bunte, gezuckerte Fruchtgummis
42 Bunte Oblaten mit Schleckbrause
43 Weiße Schaumgummis in Flaschenform
44 Kleine bunte Zucker-bonbons
45 Weiße Schokolade
46 Schokostreusel-plätzchen
47 Dragierte Fruchtbonbons
48 Mit Schokolade überzogene Karamell-stange
49 Runde Fruchtbonbons

SKATE!

STOP

FLYNN

Register

Hinweis
Wenn Sie zu einer Risikogruppe (besonders ältere Menschen, Schwangere oder Kleinkinder) für Allergien oder Salmonellenvergiftungen gehören oder unter einer Unverträglichkeitsstörung leiden (wenn Sie zum Beispiel den Genuss roher Eier nicht vertragen), sollten Sie bezüglich der Rezepte Ihren Arzt um Rat fragen.

Umrechnungshinweise
Angaben zu Backzeiten und Temperaturen hängen sehr stark vom jeweiligen Backofen-Typ ab. Bei Backöfen mit Gebläse gilt generell, die Temperatur um etwa 20 °C niedriger einzustellen als im Rezept angegeben.
In den Rezepten wurde ein Teelöffelmaß von 20 ml verwendet. Wenn Sie einen Teelöffel mit 15 ml verwenden sollten, hat dies so gut wie keine Auswirkung auf das Rezept. Bei Rezepten mit Backpulver, Gelatine, Natron, kleineren Mengen an Mehl oder Stärkemehl können Sie einen Teelöffel pro Rezeptangabe mehr verwenden.

Impressum

Die Originalausgabe dieses Buches erschien 2012 erstmals bei Murdoch Books Pty Limited

Murdoch Books Australia
Pier 8/9
23 Hickson Road
Millers Point NSW 2000
Phone: +61 (0) 2 8220 2000
Fax: +61 (0) 2 8220 2558
www.murdochbooks.com.au
info@murdochbooks.com.au

Murdoch Books UK Limited
Erico House, 6th Floor
93–99 Upper Richmond Road
Putney, London SW15 2TG
Phone: +44 (0) 20 8785 5995
Fax: +44 (0) 20 8785 5985
www.murdochbooks.co.uk
info@murdochbooks.co.uk

Für die englischsprachige Ausgabe:
Herausgeber: Anneka Manning
Projektmanagement: Laura Wilson
Korrektorat: Carol Jacobson
Redaktion: Cathie Lonnie
Grafik: Tania Gomes
Fotografien: Steve Brown
Design: Vanessa Austin
Herstellung: Joan Beal

Produktion und Koordination der deutschen Ausgabe:
Producing: Josef K. Pöllath, Dachau
Übersetzung: Brigitte Koch, Betéra (Valencia), Spanien
DTP/Grafik und Realisation: Lydia Kühn, Aix-en-Provence, Frankreich

Printed by C & C Offset Printing Co. Ltd, China.
ISBN 978-3-8289-2770-4

Dank
Murdoch Books und das Foodstyling danken Paper Eskimo, Spotlight, Dulux, No chintz, Mud Australia, Specklefarm, Lark und dem Queen-Bee-Party-Shop für das Equipment und die Ausstattung bei der Fotoproduktion.

Umschlagabbildung: Tuff-Tuff-Eisenbahn, Rezept Seite 44–45

2015 2014 2013
Die letzte Jahreszahl gibt die aktuelle Ausgabe an.